一本「轉念創造無限」台灣阿不幸自傳終於出版了

一本逐步踏夢成真的故事

一本從不可能到可能的奇蹟

一本你不能錯過的激勵之書

一本受挫折時一定得讀之書

一本深讀後、轉念定浴火鳳凰之書

相信你深讀再反省自己的過往，一定有所收穫

此本書所賣之收入、版權全入洪榛林基金會

關於我：

一個出生在屏東縣東港鄉下的小漁村，一直認為自己不被上帝祝福的小女孩，她無法選擇自己的父母親，無法選擇自己的性別，甚至羨慕起孤兒院的小孩，反覺得他們比自己幸福。曾經歷過賒米賒瓦斯，有一餐沒一餐的童年，沒有任何背景的小姑娘，憑什麼到今天可以翻轉一生，財富自由？原來「轉念」是重生的開始，原來「挫折」可以讓你千錘百鍊；只要你面對它、征服它，你將擁有上帝賜予你的豐盛一切。你只要相信，就一定成真。

作・者・序

Preface

我來自一個破碎的家庭，破碎的婚姻，一心想追求平穩人生卻屢次受挫。慢慢的我領悟到，人生只要換個角度思考，景色就不一樣了，結果也不同了，領悟出「轉念」有多重要，心中結也就開了。

在年過知命之年，開始學習「放下」，放下「贏」和「比較」的人生，放下勿再過度追求自己，已經足夠的財富，覺察再不做，就再也來不及做的事是什麼。尤其在2020年全球面臨新冠肺炎災難的時空，剛好我的二位恩人也因病在五十幾歲就相繼去世了，而我也在五年多前，得了沒藥醫的紅斑性狼瘡，自己深感人生短暫對自己還有什麼遺憾，對這個社會，我還能做出什麼貢獻，不虛此生，應儘快付諸行動，不該再只是停留在「想」的階段，想想應該加快腳步，來完成一直想做，而未做的心願，內心一直認定文字，能有引導人性向善的正面思維，擁有激發人上進的力量——就出書吧。於是，出書成為刻不容緩的事。

撰寫這本書是希望透過文字傳遞力量，正向影響正在受挫讀者的心，改變無數人的命運，就像我一路遭受挫折時，總是躲起來看女人勵志成功

的書籍，用來激勵自己，為自己加油，把自己逼到牆角再跳出來時，又強大了些，到現在還保有一堆成功勵志的書。如果妳的人生也拿了一手爛牌，不要氣餒，你只要靠自己透過「轉念」正向思考的意志力，付諸行動，堅持目標，也能成功地打出一手好牌，是你唯一的出路了。

回顧自己過往的人生，堪稱一本精彩的活劇本。期待自己充滿挫折的人生，可以透過出書留下紀錄，將面臨困難的當下，自己是如何面對、突破困境，以及我當下內心的聲音、想法，全數化作文字記錄下來，希望透過正能量的理念思考去激勵下一代，帶給不敢有夢想的年輕人一些正思維，讓他們懂得如何利用轉念，往正面思考的方向，創造希望，創造奇蹟，再次引發前進的動能。

也讓有幸看到此書的人，在迎接困境時，能用一顆更坦然正確的心去面對，並有勇氣尋求如何突破，再堅持走下去的決心，讓一個正在面臨困難或挫敗的人，更有信心去迎接每一項人生的挑戰，通過上帝賜予每一次人生的淬煉，讓你或妳一定可以「敢想、敢要、敢得到」，直到拿到人生歷練的畢業證書，接獲上帝賜予的豐碩禮物。希望讀者都能看重自己並堅定地擁有此信念，堅持下去，創造一個非凡的人生。相信我可以，你也一定可以的。加油，讓我們一起前進，而創高峰。

執筆寫這本書時常落入童年當時的情境，忍不住還是會鼻酸掉淚，情緒也常錯亂，一時拉不回現實，思緒常常中斷，無法持續，很想完成自己的心願——出書，但又害怕小時候過往心態的真實呈現，對兩個還健在的母親，將會有什麼樣的影響，是我思考許久，久久無法下筆的重大原因。最後，我只能盡我所能委婉修潤地呈現，回到最初真實的我，符合我真正的個性。相信每個人，包括自己的父母親，都該為自己過往所做的一切，負起承擔的責任，不是嗎？

作為沒出過書的素人作者，我在忙碌的工作之餘，星期六、日休假之時，多少夜裡挑燈爬文，就為了不再增加一個遺憾。最難的童年那一段寫最久，掙扎了許久，最終也總算完成。

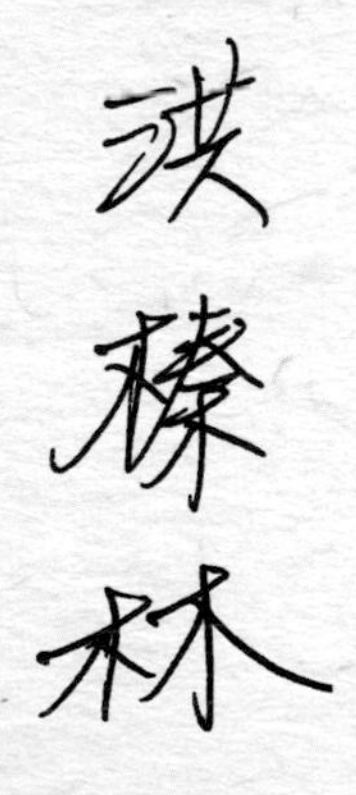

推・薦・序
Recommendation

台塑企業總管理處：林善志總經理

洪榛林小姐，她是我的老同事，而現在、未來她都是我的好朋友。

第一次見到她時，她在我們同公司的不同部門擔任工程製圖員，當時雖僅匆匆一瞥，就感覺到她是個很陽光、很開朗的人；而再次與她接觸時，卻已是9年後的事了，她因調到了我服務的單位，才讓我有對她更深一層認識的機會。

同事期間，她始終帶著燦爛的笑容，待人親切熱誠，做事認真負責，加上能力的優越，對交付的任務從不延誤，甚至還能主動幫助同事，充分展現其個性上的完美，也自然而然成為主管心目中的寶。

然而，在同一個單位中，當妳的能力超越同儕，表現出類拔萃，又深獲主管的特別賞識時，自然引來同儕間的不平與忌妒，接踵而至的更是諸多無端是非與詆毀造謠之事。也因此她在這段職場生涯中走得並不順遂，又遭逢家庭婚姻的挫敗、知心摯友的背叛等種種對她嚴重的打擊。原似亮麗外表的背後，殊不知隱藏著這麼多的無奈與辛酸，不勝唏噓。

但是，令我既訝異且折服的是，在身處那樣的困境之下，她卻仍能每天笑臉迎人，不著絲毫痕跡，不帶任何情緒，照常努力工作，順利完成任務。讓我對這位小女孩具的是既同情又敬佩。

終究，她離職了，離開了一個她工作了近15年的環境。而為了改善生活狀況，她竟毅然決然地投入到一個陌生的旅遊業服務，並同時兼職做房屋仲介，沒想到她的表現依然傑出，經濟狀況明顯改善。正在慶幸她的辛苦有成時，孰料她又轉任保險經紀人，專門從事退休理財的規劃工作；而令人驚豔的是，她居然能大放異彩，連續九屆得到MDRT（美國百萬圓桌會員）的殊榮。

畢竟，人才是不會被埋沒的，現在她已是一家土地開發業的專業經理人，在業界擁有相當的名氣與地位，但我深知她的成功並非偶然，仔細回顧其歷程，會發現她每一次的華麗轉身，都是跨越了一個迥然不同的領域，且完全深不可測的前景未來。而她是如何放空歸零，如何堅持不移，如何苦心學習與努力，才是值得我們欣賞與借鏡之處。

最後，我從身為她的同事到朋友，看著她一路走來，跌跌撞撞，倒了再站起來，戰敗了再重來，憑藉著堅持不服輸，不向命運低頭的耐心與毅力，終能一路披荊斬棘，創造了如今的成就，這是她辛苦努力得來的，我除了敬佩她，更永遠以她為榮。

感謝葉副總的一封信

葉副總：

好久不見。是這樣子的，我年紀半百了，哈哈，您知道我一直有一個願望，就是把這一生所有的挫折，轉念成淬鍊，走向功成名就的故事出書——一本激勵自己也激勵看見此書的年輕人或正在經歷挫折的人，讓他們更有力量挺過去的書。我常自嘲這是「台灣阿不幸的翻身史」，有別於日本電視劇《阿信的故事》還慘的人生。

您是我這一生中最重要的貴人。您的一句話，成為了「關鍵」，成功地讓我從十五年的內勤轉向業務。我心中一直都明白，是您扭轉了我今生的命運，哪怕我不便多表示什麼，但我心裡都惦記著。

去年三月，一位恩人在五十九歲辭世，曾經是貴人也是賤人的處經理也在去年九月辭世，深覺得想要做的事不能等。如今的我，算功成名就，日子也過得很好，追逐金錢已不是唯一的目標，所以今年要把書完成，目前已完成了九成。一生經歷過的貴人、恩人、賤人、惡魔都在書中一一呈現，而葉明達副總，您這位讓我轉型成業務的貴人，自然不能在此書中缺席。這本書找邀請兩人寫「序」，一位是我南亞的主管，另一位就是您了。

在我一屁股債的時候，是您告訴我「節流有限，開源無限」，讓我開創了無限可能。直到現在，我都銘記於心。是您給了我信心，讓我從不甘於只做一隻小雞，蛻變成一隻不畏艱難的大老鷹；是您從旁信心喊話，給我勇氣走出來，勇於挑戰沒做過的業務，進而成為超級業務員。都是因為有您，才有今日的我，謝謝您，謝謝您。

過去有太多包袱，不便多說什麼，但大家現在都已垂暮之年，有些話再不說恐怕也來不及了，所以我希望副總抽個空，幫我寫篇序，就您印象中的我，做個真實的評價。希望人生的第一本書中，貴人無一遺漏。一生中走過兩次憂鬱症，幾年前又得了紅斑性狼瘡，雖幸好轉，目前停藥了三年多沒再復發，但仍讓我決定停下腳步，完成這本書的寫作出版，不再拖延。勞煩副總百忙之中執筆，不勝感激。

榛林敬上

保險經紀人：葉明達副總

因為常年在大陸，過年前幾天突然收到台北總公司謝副總來電，說洪榛林要出書，希望我幫她寫一篇序，我一下子回不過神來，想了一下才回想起印象中的那個她。因為我們太多年沒見了，自己也不知道這個人一直把我當年那席話烙印在心中，還奉為圭臬到淋漓盡致。

回想起來，我們應該認識有22年了吧。在我印象中初見榛林時，只知道她是一個從屏東東港隻身北上打拼的小女孩，在南亞已經做了快十年的製圖員工。當時讓我覺得相當驚訝，因為第一次見面的直觀印象，這女孩有一個相當特別的特質（因為是初次認識），不像傳統做了十年的內勤人員，尤其是在南亞這種幾乎等同金飯碗的大企業。後來經過朋友的說明，才了解她的一些生活情況。

榛林要我幫她的書寫「序」，我心中非常訝異。她說我是她生命中的一個貴人，因為我的一席話，改變了她，讓她勇於毅然決然放棄一份收入穩定的工作，轉戰無底薪的業務員。她說太多了，族繁不及備載（見邀請函）。我從沒想過一句話可以如此改變人的一生。在我們共事的過程中我們亦師亦友，不止談工作，也談理想，談自我期許，彼此教學相長，互相成長。很多人都想成功、想出人頭地，也很努力，但大部分的人，只抱著獵豹追羚羊的心態，而不是羚羊躲獵豹的心態。如果要我說對榛林的看法，她有成功所需要的內在因子，有羚羊那種拼命的態度，有追求成功的渴望；她不止想要，還一定要的態度，加上阿信一般的堅韌與堅持，讓她不管碰到任何挫折或傷害，都能堅持自己想成功的初心，凡事越挫越勇，永不服輸！因此她不只改變了她的人生，最重要的是，她也改變了她兒子的一生，真是所謂巾幗不讓鬚眉。雖然今時今日，我們在不同的領域工作，但還是希望透過這次機會，再次與榛林互相共勉：勿忘初衷，砥礪前行，走得更遠；有智慧，有包容，證悟真理，行得更長！

明志篤行方至遠，達德通道方千秋。

甲子樂園評價

「甲子樂園」為一群從高二就玩在一起的好友，畢業後結拜到如今，超過35年，期待可共度一甲子，取名甲子樂園群組。每年初一聚餐成為一生的老伴。

洪榛林：甲子樂園的好友們，大家知道我正在寫書，一個台灣阿不幸的翻身史，哈，你們是我人生中，除了家人，陪伴最久的一群，第一本書中不能缺少你們，書的前頁，把你們的評語帶上，希望大家把從17歲到過半百，對榛林的評價真實展現，讓我出此書時，有陪伴我一生的你們名字出現以便紀念，以下接龍：

葉宏凱↓評價：來自貧窮、無奈人家，卻創造自己不平凡的人生，給妳大大的讚

最佩服：打不死的蟑螂，求生意志強。擅長領導，協調能力佳，獨特品味（潔癖），一句話形容妳，人群中看妳就是

——洪榛林

吳明禧↓評價：草根性強，意志力強，執行力強，是群組中的靈魂人物
最佩服：是甲子樂園的領頭羊，號令一出，羊群集合
永遠保持最佳狀態最為佩服

蔡明宗↓評價：浴火鳳凰，絕處逢生
最佩服：總能如小草般柔韌，成就如大樹般雄偉

洪琨峰↓評價：實踐人生，行腳大下
最佩服：總能無中生有，化不可能為可能

蔣恩德↓評價：奇女子
最佩服：勁風中堅韌不屈的小草

林芷婕↓評價：一身是膽，任勞任怨
最佩服：不屈不撓，越挫越勇

劉秀芳↓評價：樂觀進取
最佩服：在任何環境中都能克服困難，迎刃而解

林秋娟↓評價：女中豪傑
最佩服：能在惡劣環境中逆勢成長

目・錄

Contents

冥冥之中，每9年就迎來一次巨變，
9歲時父母離異，代母職照顧手足；
18歲時成功逃家，隻身前往台北發展；
27歲時結婚，最後還是結束一場看似安全卻失敗的婚姻；
36歲時被情同姊妹的摯友背叛，背下高額負債；
45歲時離鄉背井，轉戰北京；
54歲時將充滿荊棘的一生，用文字記錄下來，給自己一份特別的生日禮物。
一路處在絕望的處境，依然把荊棘變成驚奇，看我如何透過轉念翻轉重生，寫下美好的結局。
有時覺得自己人生像是過去八點檔編劇筆下的情節，主角每天都要面對新的困境，不知道下一個九年能否寫下美好結局？

如果你的人生可以改變，你將如何利用你曾經遭受的痛苦、創傷，與內心永不滅的烙印，讓你在今生就翻轉人生，創造一個不同凡響的你？如果你有機會在生前，自己籌辦一場生前告別式，你會如何看待呢？你希望哪些人出席典禮，又該如何闡述看待自己的一生呢？

「一個人要出生，無法選擇出生在什麼家庭環境，更無法選擇自己的父母親；但是，是否能夠靠自己的信念，改寫自己未來的人生呢？感謝父親、母親的傷害，讓我沒有親情的包袱，感謝他們賜予我一段獨一無二又痛徹心扉的童年。正是因爲如此匱乏的童年，讓我在孤獨中必須獨立，讓我在無依中鍛鍊出堅強的勇氣，讓我在困苦中養成了堅持的決心，鎖定自己的目標，在絕境中每每產生轉機，成就了我精彩的一生。

讓我們一起來回顧這不同凡響的人生，是要有多少次、多少回的不斷傷害來造就……」

第一章：我的童年

我出生在屏東縣東港的鄉下小漁村，從有記憶以來，已住在屏東縣潮州鎮的八爺里，上有一個哥哥，下有一個弟弟，排行老二。家中唯一的女孩，原應該是養尊處優備受疼愛，怎奈在鄉下父親重男輕女觀念之下，我成為了一個犧牲者。

九歲以前，在我的記憶當中，母親總是很忙。家的後院裡養著一頭母豬，母親常說要把母豬顧好，牠可以生小豬，是賣錢養活我們家庭的重要的生財來源。既然母豬是我們家的生財大將，當然牠生小豬時便是我們全家的大事。我們家的母豬大多在半夜生小豬，每逢此時，我跟哥哥、媽媽都不能睡，都要守在母豬身旁等待小豬一隻隻出生。每一隻小豬生出來的時候，都是母親用手去接，然後才叫我們用乾稻草把小豬身上的黏液擦乾淨，接著幫她一隻一隻安全擺放好。母豬一次大多都能生出約十到十三隻小豬，先養幾個月才拿去賣錢，全家都很開心會是個豐收年。但特別記得有一年，母豬只生到第三隻，就再也沒有生第四隻了。那一夜我們都不死心地等到快天亮，依然沒有再生出第四隻，那時候媽媽的表情極其難過，眼眶一紅流下淚來，她知道那隻母豬應該要送去宰了，再買隻年輕的母豬回來養，才划得來。也因為從小哥哥和我有這些經歷，哥哥現在做土地買賣的時候，也有一套母豬理論，由來就源自於此經驗。當你土地放到沒有辦法再漲上去，意味著每年土地增值稅的漲幅超過市價的漲幅時，已經划不來了，就要放手出售，把出售的錢，再轉去買可變建地的農地，繼續翻倍。這麼一套母豬理論，他一直套用到現在，相信認識他的人，都聽過他的母豬理論。

回想當年，當別家小孩七八歲還是懵懵懂懂的時候，我和哥哥在這小小歲數，就已經要非常懂事故地讓母親派遣，相偕到附近的麵店收廚餘，回家給生財大將的母豬吃。我和哥哥總是很認分地做好母親派遣的每一件事，但我和哥哥總是為了面子問題，先要猜拳，決定

誰在前，誰在後。因為一根扁擔，中央擔著廚餘，一前一後，走在前頭，不免遇到同學，失了面子；走在後頭的，就必須一路聞著廚餘的臭味扛到家。這抬不起頭來的過程得持續回到家，將廚餘餵給母豬吃，才得以結束。每二到三天總要來那麼一次討人厭的工作，但也造就我和哥哥從小就抱持窮人翻身的決心，就像種子一樣深深地烙印在內心的深處，也奠定了我和哥哥未來堅持成功的決心。

母親除了養母豬賺錢之外，在中餐跟晚餐的時間，也賣起擔仔麵和滷味。每到學校午休用餐時間，小朋友們開心地到國小圍牆邊拿便當時，別人家的家人都早已守候在圍牆等自己的小寶貝出來拿熱騰騰的便當去吃；怎奈我呢，午餐的時候正值麵攤最忙的時刻，母親總是忙到忘了時間，忘了我。每每等到鐘聲響起，小小的心靈裡總帶著落寞的心情，難過地走回自己的教室，嘟著嘴在心裡嘀咕著「又忘了我」，頂著咕嚕咕嚕肚子的叫聲，難過地趴下裝睡，但趴著時其實眼中都伴隨著淚水，不敢讓同學瞧見。總在全班同學午睡時，母親才躡手躡腳地將香噴噴的便當偷偷送進教室給我，但她殊不知，她如此行為，只是再一次把午休的同學吵醒。這時的我，內心只有羞愧，沒有開心，等於讓同學知道我在吃飯時間沒飯吃，午休時間又吵到同學午休的安寧，很是丟臉。這些心境，一直在我的內心翻滾，每日不斷上演，直到現在長大了，只要看見小孩中午沒飯吃的影片，仍會馬上掉入小時內心受傷的情境。當然沒讀書的母親，是不會理解我的感受，總是把賺錢當第一，什麼都忘了。到下午四點多放學回到家，總有兩澡盆大的水缸放著滿滿的麵碗，等著我回去洗。經過中午那樣的心情，常常午餐是生氣沒吃的，等下午四點多放學走回家第一件事，就是拿個小板凳踩上去，自己煮一碗麵來吃。吃飽了，就認分洗那兩大缸的麵碗。那時的我，不過是個七八歲的小女孩，小小年紀手就已經洗到富貴手了，天冷時都裂開流血，纏繞著白色布膠帶，每天依然有那麼多碗等我放學再洗，這些家事哥哥是不用做的。父母親重男輕女的觀念也造就了我從小做家事，件件都很俐落乾淨，手腳也很快的本事。所以，磨練好不好？看見好處了吧。

記憶中的父親是個脾氣很大、滿口三字經的大男人，距離感很遠。小時候如果和哥哥吵架，父親總是破口大罵，指示要我們吵架要去拿刀互砍，砍死一個，他就少養一個，省錢又省力也免得煩心。又加上重男輕女的觀念表現很明顯，所以從小我就懷疑我不是他家的小孩，是垃圾桶撿的。這樣的心念一直在心中盤旋，從沒停過，也沒感受到父愛。只記得父親心情好時，有空會開 台白色的麵包車載我們去上學，上學途中會先去

吃肉粽加花生粉的早餐。因為從小知道爸爸沒錢，明明就望著肉粽流口水，也只敢點比較便宜的菜粽來吃。現在我們家三個小孩都已四五十歲了，看見肉粽還是情有獨鍾，欲罷不能，就是受小時候缺憾之補償心態的影響太深。

九歲的時候父母離異，一覺醒來母親就不見人影

在我上國小四年級時，我們搬去了高雄租房子，後來才知道爸爸沒錢，把記憶中唯一的潮州房子給賣了。有一天起床，爸爸突然告知我媽媽離開了。當時的我才介於九到十歲之間（我年尾出生），並不知道離開的意思是代表離婚了，還期待著媽媽會回家，沒想到那日之後，回到家就換我煮菜給我們家三個男人吃：一個弟弟，一個哥哥，一個爸爸。從此之後，我們四個人就相依為命。母親離開後，我在內心裡，每天期待有一天媽媽會回來，在等媽媽回來的同時，我要照顧好哥哥和弟弟。沒媽的小孩通常也比較早熟，小時的哥哥個性比較自閉，弟弟還很小，家裡三個小孩在家，通常都是我當老大。沒了媽，爸爸又常常不在家，到了晚上吃飯時間也常不見爸回家，我總要在冰箱裡搜索，看有什麼東西可以煮成食物供哥哥和弟弟果腹。常常冰箱是沒什麼東西可以吃的，記憶比較深刻的是冰箱只能找到麵粉和糖，用油煎成餅，或麵粉加蔥，煎成蔥油餅，三個

小孩各分一點來吃，多喝一些水，不太餓就行了，三個小孩過著有一餐沒一餐的日子。自行寫完功課後，夜也深了，如果爸還沒回家，就要和哥哥一同去扛鐵門的支架，架在地板的門檻上，再搬椅子爬上去拿鐵支把鐵門拉下，關門自行去睡覺，常常不知爸爸有沒有回家或幾點回家。家中的米和瓦斯常常見底，等爸爸回家告知他時，爸爸就要我們去找隔壁鄰居賒米、賒瓦斯，附近鄰居們也隱約知道我們家的情況，都會同情我們小孩讓我們賒。因為父親愛面子，這些賒米、賒瓦斯的工作，自然又落到了我和哥哥身上了。少了養豬的媽媽，猜拳扛廚餘的日子當然也沒了，但換成了猜拳賒米、賒瓦斯的日子。為什麼要猜拳呢？猜贏的人可以先選擇要賒米或賒瓦斯，因為常是瓦斯店已欠兩桶瓦斯未付費了，但米店可能已欠四斗米未付費。哪個臉丟得比較大，哪個比較抬不起頭，竟然還要開口繼續賒的窘境，由誰去面對；哪個比較難開口，哪個比較不好掰，由誰去編話術，就都在猜拳中決定。從小就總要不斷編些爸爸回家會來付費的各種藉口，好讓鄰居現在願意讓我們先賒，拿回去煮給弟弟吃，這樣的環境，自然也練就了我和哥哥現在做業務不怕拒絕、不怕丟臉，腦袋反應很快、應變能力很強，勇氣很足也很敢衝的個性，奠定了未來成功業務員的基本特質。

四年級時我在高雄一年讀了兩間學校，上學期讀凱旋國小，下學期就

轉學去讀信義國小。不是因為我是壞學生被轉學了，而是我們又搬家了，學區又換了，全班還沒認識完，我又轉學了。因此也把我訓練成很快就可以在陌生環境上適應生存，練就了不怕生的真功夫。

上國小五年級時，我爸又從高雄再搬到屏東縣的南州。這一次搬家是半夜臨時被爸爸搖醒告知要搬家的，我一問為什麼要臨時搬家，就被一頓三字經辱罵，後來才輾轉得知是沒錢繳房屋租金，半夜全家逃了。從小因為如此的境遇很沒安全感，對家的渴望也比一般的小孩還深，也因此從小就深植一個觀念，一生一定要有兩間房子：一間是在沒錢的時候用來賣的，可供生活；一間就是自住用不必逃的家，可供安頓。也因為有如此的創傷，使得我長大後很害怕跟人租房子，所以要拼命賺錢買房，鎖定目標就是要有二間房，且養成一有錢就買房的習慣，內心深處有著對家的強烈渴望。這造就了我現在房子不止兩間的景況，更因房子多而身價非凡。結果小時候的這些遭遇，到底是好，還是不好？要說幸運，還是不幸？在我看來答案揭曉：好壞參半。幸運的是靠房子漲價翻身，不幸的是不懂家的溫暖，不懂什麼是父愛、什麼是母愛、什麼叫親情。

雖說如此，但在幼小的心靈中，總是期待媽媽什麼時候會回家。當一段時間媽媽都沒回來，內心就又開始轉換，怨恨媽媽為什麼離開我，為什心翻滾，不斷地反覆，就這樣一天過著一天。

麼不帶我走，為什麼不愛我又要生下我。從正面到負面，情緒不斷地在內

直到有一天，記得是南州國小五年級下午的一堂課，教室窗外來了一張熟悉的面孔，在窗前東張西望，我很快地認出了是「她」沒錯。坐在教室內的我，立刻眼淚不聽話地直流。只見這位婦人到教室找了老師，老師要我出去見一下親人，兩人就在教室外走廊，四眼相望，說不出一句話。止不住的淚水，宣洩而出。明明內心就有許多話，但卻一句也說不出，連一聲媽媽也叫不出口。心中不知是愛，還是恨。當然教室內的同學，好奇為何會上演這一幕，自然什麼傳言全出來了，從此我又被貼標籤了。被同學指指點點的異類，在那樣的環境之下，為了生存，我也練就出不在乎別人看我的眼神、說我的閒語的技能，專注地活在自己的世界裡。但那天下課回家之後，爸爸就有如宇宙中的天神，竟然知道媽媽來學校看我，我回到家就先被罰跪，之後就被爸爸毒打一番，不能問理由，不能問原因，因為爸爸從小就教育，媽媽如果來學校找你們，就要跑掉，如果來不及跑掉，可以選擇將你媽媽的手指咬流血，回家可以領一百元的獎勵（當時一百七十五元就可以註冊省立國小一個學期的學雜費，可見一百元的誘惑有多大），如果沒跑掉也沒咬到手指，回家就要被打。當然我上演那一

高中時期的我

幕，顯然不可能拿到一百元的獎賞，所以回去是被毒打一頓的份。只是那個年紀就覺得爸爸太厲害了，怎麼會知道這件事，到底是誰打小報告？當時有懷疑過哥哥，因為哥哥沒有被打，只是無法求證。從小在爸的權威之下，是沒人敢說真話的，況且當時我哥哥的個性還是個膽小鬼，也不可能說真話，打都被打了，追問也沒用了。從那次之後，媽媽就再也沒出現過。

第二章：生命中多了個二媽

國小五年級的某一天爸爸突然把我叫到他的面前，第一次感受到爸爸用溫柔語氣對我說話，竟是說：「我要娶對面的阿姨當妳的媽媽，今後妳下課就可以跟正常的小孩子一樣去玩，不用煮給我們吃了我會叫她煮。」對我釋出善意。但我並不領情，那時的我聽了，內心晴天霹靂，那不就代表我的媽媽不能再回來這個家了嗎？我在心中吶喊著：我不是都任勞任怨地扮演好小媽媽的角色了嗎？照顧好哥哥，照顧好弟弟，不管吃的、用的，穿的、家事我不也都一一包辦嗎？從九歲媽媽離開到十一歲，我們四人相依為命不也都過去了嗎？為什麼還要阿姨來呢？我不斷反省自己：我少做了什麼？為什麼爸爸要娶對面的阿姨當我的媽媽？為什麼？為什麼？那時的我才十一歲，小小腦袋終於整理好思緒，找出答案了——一定是因為對面的阿姨是在南州有名的訂做衣服的師傅。我爸爸自從認識對面的阿姨之後，我們家的衣服有破或裂的，都不再拿給我手縫，包括學校的名牌也都拿去給對面的阿姨車了。一定是我不會車衣服的技術，害媽媽永遠不能再回這個家；媽媽永遠不能再回到這個家，都是我不會車衣服害的。我深深地自責自己為什麼不會車衣服，氣自己為何疏忽了不會做衣服，害媽媽從此無法再回這個家。當時的小女孩那一夜躲在被窩裡偷偷地哭，發

下重誓，有機會一定要學會做衣服。那年我十一歲，該被打的，該被揍的，賒米、賒瓦斯，有一餐沒一餐的日子全都經歷過了，有什麼狗膽能說「不」呢？

當時從高雄搬到南州的家也是租的，我們承租的是一間店面，父親是個無牌的齒模師，還有一間房間是木板通鋪，我們四個睡在一起。如今要迎娶對面的阿姨，唯一的房間變新房，我們三個小孩就沒地方睡了。當時我十一歲，我哥十二歲，我弟八歲，我們三個就像孤兒一樣，被安排到房東放鴿子籠的小閣樓，原本是放鴿子飼料的倉庫，變成了我們三個小孩的睡房，旁邊就是鴿舍，每晚聽著鴿子咕咕的叫聲與鴿子一起入眠。

其實二媽嫁到我家後，我的生活沒太多改變，也不像爸爸說的不用煮飯了。當時十一歲的腦袋裡，覺得二媽她這麼大了，竟然不會煮飯煮菜，太不可思議了，但不能問，只能默默承受。所以我爸根本無法履行他對我說的承諾，只是在騙我而已；我只是多煮了一人份，多加了一副碗筷而已，一切照舊，家裡還是由我掌廚。而這個二媽心思比較公平，發現家裡所有的家事全落入我一人手中，在天冷冬天，富貴手發作，手裂流血纏布膠帶時，就換哥哥去洗碗，已九歲了的弟弟也被分配倒垃圾的工作，來分攤我的工作。而二媽加入後，最重要的改變是我們家終止了賒米與賒瓦斯心便沒那麼排斥這二媽了。

的日子。原來娶進門的二媽，口袋是有錢的。我們的日子改善了許多，內

二媽搬進我家時，把做衣服的店收了，還帶了一個電動縫紉機來我家，當時幼小的心靈曾經暗自許下的願望，一定要學會車衣服的信念總算可以實現了。我通常都趁著假日父親和二媽不在時，偷偷地在家練習怎麼車衣服，無師自通地把不要的舊衣服一邊拆一邊車回來，再研究如何變大變小，來回練習。當然也老是會咬一坨線在那裡，遇到無法處理的咬線或斷針，就趕快把縫紉機收起來，假裝沒事。等到下次我又找到機會可偷偷學車衣服時，縫紉機上的斷針或咬線都已修好了。心想二媽一定知道是我幹的，我卻也都沒被罵或被打，這時在我自己內心其實已又貼進二媽一步了。慢慢地，沒多久我自己就學會了怎麼車衣服、怎麼修咬線、怎麼換針了。國高中的制服修改到合身，也均是出於自己的手藝，佩服自己無師自通的能力，也暗自竊喜，覺得很有成就感。

國小六年級我們又搬到了潮州，就讀潮州國小，那時潮州國小六年級是男女分班。很開心回到了小時候的故鄉，住在潮州的一年期間，我們還陸續搬了三次家，夠厲害吧，我爸可封為搬家大王了！等到要上國中時，我們又往南搬到枋寮的小村莊東海村，但我想就算通車，也要繼續留在潮

州鎮直升，就讀潮州國中，因為那所國中是男女分班的學校。國小六年級的我，搬到了東海村，學區是枋寮國中，打聽之下是男女同班的學校，對於男女同班的學校我內心很是鄙視，根本就不想去讀那種學校。也因為有二媽的存在，我看準了爸爸非常疼愛二媽，開始懂得利用環境與人員的優勢，透過二媽跟爸爸溝通我想留在潮州國中就讀的意願，因為如果我上潮州讀書，會增加一筆通車上學的通車費用，這點是家裡考量的。往南通火車上枋寮國中讀書，或一樣通火車往北讀潮州國中，火

回家時必走的鐵軌旁小徑，盡頭總有幾個小男生等我

功成名就時，再造訪當年逃離的東海站心中五味雜陳

車票價差別不多，我收集相關費用做比較分析，不斷和二媽談判，請她去說服父親。當時小小年紀的我，就想盡辦法如何運用二媽說服魔鬼父親，完成自己一定要讀上潮州國中的目標。我去打聽火車票價差別、時刻班表、回到家時間（因為要來得及回家煮晚餐）、學校風評影響學生的品性等相關問題，尤其是學風不好讓我變壞會更划不來，不只是車票票價之損失可以彌補的。以這些相關議題，展開對二媽的分析攻勢。當然聰明的二媽感受到我一定要達成的企圖，想著國中時期正值叛逆期的我，在三個小孩當中也屬於比較叛逆有個性的一個，她選擇不要跟我正面交鋒，也趁機要求我配合不能變壞等相關條件，之後才同意去說服魔鬼老爸。為達到目的，她說什麼，我當然都同意。最後我也如願地上了我想上的潮州國中，內心開心不已。

這是我人生第一次懂得利用環境，還有收集各項名目、人性、時刻表，分析價格表等……在價格與價值之間，勇敢去爭取自己內心想做的事情，並且透過溝通，成功達成自己想要的目標，也邁出了有著這樣的魔鬼父親卻還有勇氣敢為自己爭取的第一步，也為長大之後，做事很有膽識，能咬住目標，堅持勢必達成的決心，奠定了很好的根基。

順利上了國中，在國中那叛逆的年紀，對爸爸的怨恨只有增加，沒有減少，每天都暗自盤算如何自助完成學業，並成功地逃離父親的魔掌。曾與國中的好同學，計畫好住的地方，凌晨起床送報，籌措學費，規劃好逃家的方案。第一次的逃家是循著電視上演的劇情，事先把行李放在床底下，準備凌晨潛逃。那時我們家已搬到枋寮的小村莊東海村，不再住鴿子籠的倉庫，但當時父親不知是沒能力買床給我，亦或重男輕女的關係，我的床是舊式塑膠彩色帆布的單人合椅，是張自由收放的躺椅。當時天真的我，照著電視上演的劇情，把事先準備的逃家衣物收拾好放入床底，其實就是放在躺椅下，就天真地以為大功告成了，等待凌晨最早一班火車時間一到，就一溜煙地逃了，離開這充滿憤恨的家。沒想到，第一次逃家失敗的理由，竟是因為整包行李一覽無遺地躺在沒有遮蔽的躺椅下。以為不會有人進我房裡，當時年紀尚小的我也沒想得仔細，結果竟被二媽發現。二媽聰明地按兵不動，趁著父親還沒回到家時，把我叫了去。猶記得當時那一幕，晚上放學後我煮好菜上桌時，被二媽私下約談，二媽技巧性地點出我想逃家的意圖。我心想，被她發現了。她先是講了一番父親其實是有愛我的鬼話，接著又暗示我不要做蠢事，免得惹父親不開心又討一頓毒打，到時她也救不了我。眼見事蹟敗露，當然要先妥協按兵不動，再伺機而動了。那一次二媽沒出賣我，因此我沒被打，但因那事件沒出賣我，二媽又

再次貼近了我的心一步。

國中三年期間，我在學校裡扮演著有影響力、活潑好動又愛玩的開朗之人，但常在同學不經意的言詞當中，墮入憎惡的深淵。除了與我有著相似身世、和我一起計畫逃家的那位同學以外，就沒人知道我家裡的情形，偏偏剛好坐在我前面的同學，老在我面前炫耀她媽媽很愛她，一大早就會去買她最喜歡吃的肉粽給她吃。雖然她不是故意的，但只要她一講這些話，就會勾起我塵封在心底深處的那個痛，情緒就會很不好，常無法理解為什麼別人可以擁有那樣的媽，我就沒有。日子常在忿恨不平中渡過。

國中在學校的我，穿著打扮都是燙平工整的制服。我國小五年級父親搬去南州租房時，房東是洗衣店，我都去幫忙學燙衣服，房東會給我一點零錢，所以從小我就學了一手燙衣的好本領。穿起了筆挺的制服，看起來更像有錢人家出身的小孩，父親的工作又是人人稱羨的齒模師。鄉下人都認定齒模師賺得多，自然認為我們家一定很有錢，我想我二媽也是這樣被騙來的吧。殊不知，父親是個沒有牌的齒模師。哈，大家一定很納悶齒模師都很賺錢，怎麼會讓我們有這樣的環境呢？是的，齒模師十個會有九個富，父親他就是唯一窮的那個，連他傳承的徒弟都翻身了，但他還是窮光蛋。小時不懂為什麼，長大才知道，觀念造就結果，父親的花錢哲學，害慘了全家。父親有客人要做齒模時，收入預計五千元，需收訂金一到二千元不等，等做好了裝好無誤，再收尾款的三千元，但偏偏父親的個性就認定已賺入五千元了，就先花了五千元，甚至分期付款一萬元的電器，認為他還會有客人上門。結果他收的客人，裝好牙了沒錢給他就欠著，或根本沒來裝牙，那三千元就不見了。但多花的也早花了，他收的訂金還要付費給技工所，所剩不多，所花出去的錢都是預支，又超樂觀地認為錢會自己再滾進來。一個不喜顧店又認為客人自己會把錢拿進店的天真想法，造就一家的貧窮。想法多重要，因為所有的結果，來自所有的想法。父親因此拖累了整個家計，從小到大全家的家電，舉凡冷氣機、洗衣機、電視機甚至沙發，全是分期付款，幾乎上門來的人都是來要債的。

猶記國中三年級住在東海村的那個家，洗衣機壞了，新的連頭期款都付不起，全家的衣服只得我一人手洗。在浴缸沖脫衣物時，滑倒還爬不起來。尤其父親肥胖，西裝褲十分大件，兩手也無法一把抓起，常洗到腰挺不起來，也不敢抱怨。對我來講，只要別叫我去賒東西就好了，其他的什麼我都做。這促成了長大後我最怕低頭跟人開口借什麼，也因此，做任何事之前，先判斷有沒有能力承受最壞的打算再去做，還沒想贏就先想輸了是否還有退路，成了我人生在理財方面的最重要基礎。沒有確定的進帳，

我都視同不存在，理財上都用相對保守的思維來思考。因為如此，我除了拼命賺錢之外，還很會存錢，才有今日安定的生活。

你有什麼觀念，就有什麼結果。如果現在的你四十歲以上，還沒翻身，還沒穩定生活，請先反省自己，你應該在用錢的觀念有了窮思維。觀念可以致富，觀念也可以貧窮一輩子。

國中時期，缺乏父愛與母愛更不懂親情的我，自然地把愛轉移到了同學身上，所以很重友情，自然就有一些死黨的同學喜歡跟著我玩樂。在學校我是同學們的開心果，活像個陽光的女孩，當我回到家呢，就打回原形，嚴肅而不太愛說話，把分內家事做完，就關進房間，做自己愛做的事，聽自己的音樂，很少和家人有太多的互動，但想念媽媽的心一直沒有停止過，常在棉被中哭著睡去。國中時期還曾經一度想不開，自己在房間試圖割腕自殺過，不過因為太痛了，退縮而沒有成功，家裡的人也不知道這件事。在這樣子的家庭長大的小女孩，對父親的權威，是無比畏懼的，當然內心更是厭惡的，所以從小在潛意識中，我就討厭男生。記得在國中時期，我的好朋友交男朋友，我就跟她絕交，看見訓導主任拿著藤條抽打男生的屁股時，我竟然有莫名的快感，也不知為何暗自喜歡抽打男生的訓導主任。那時還不懂這是渴望父愛的移情作用，也因為長期沒有得到父愛，對媽媽母愛的期待值便升得更高。國中這三年間，我仍是在一年期待、一年怨恨中漸漸長大。

從小的環境為了能好好地生存，得屈就在父親的威權之下，表面上要和二媽相處良好，縱使是假裝的，也要把內心戲扮演好，否則恐怕又會是一頓打。所以在從小生存的環境中，我自然地學會了察言觀色、應變自如，造就了我在未來人生路上需展現多種面貌時，能有如千面女郎一般，適時轉換立場、將心比心，且恰到好處地扮演不同角色的能力，成功地在現在的工作上創造三贏的局面，進而讓每個案子都成功地完成土地整合。

環境造就一切，有人抱怨往下沉淪，有人發奮就要翻身，起心動念往哪去，就往哪發展。腦袋正能量還是負能量，決定你未來的一生。

第三章：「誰都別想把我賣掉」的想法改變一生

國中三年很快地就過了，同學們心裡想的是要升學考高中，還是工作考職校，我知道只有讀國中畢業的我，在鄉下只能當女工，或者是當店員，沒有什麼出息，也不會有機會買兩棟房，所以我思考著至少要高中畢業以上。我心裡盤算著怎麼讓父親投資我讀高中，那時的我大約摸清了父親的思維，我察言觀色等待父親心情好的時候，趁機試探他的想法，問：「我可以再讀高中嗎？」他馬上告訴我說：「妳別想了。妳就乖乖給我待在家洗衣煮飯就好，待妳到可以嫁人的時候，我就幫妳嫁個醫生。女孩子讀書沒有用的，都是賠錢貨，嫁人後都是別人的。」嚴重的鄉下重男輕女觀念。我當時還天真地問父親為什麼要把我嫁給醫生，他竟然回答說：「嫁醫生的聘金比較高。」那個年代鄉下人的想法，就是「這樣子我養你這麼大才划得來」。我突然回想起了小時母豬的理論，沒有生產力了，就會被賣掉。天啊，我又不是豬！不管當時的父親是不是這種想法，但是當時的我，是如此地害怕。「我才不會讓你把我賣掉呢！我才不會讓你得逞呢！」我內心如此吶喊著，心想我一定得逃離這裡。

在鄉下不比都市好找工作，我思考著在逃出之後要靠半工半讀當童工來完成學業幾乎不可能，那麼我只得寄人籬下，苟延殘喘，這樣如何生存到高中畢業？當時面對這麼有威嚴的父親，我知道正面對衝，我只有挨打的可能。從小為了安全生存，自然進化訓練自己到腦筋轉得很快的我，馬上思考著如何順著毛刷，爭取父親願意投資我到高中畢業。我連忙回答他說：「醫生讀七年花了這麼多錢，想要娶的老婆絕對不會是只有國中畢業的學歷而已，如果你真要我嫁醫生，就一定要再投資我三年讀完高中，才有機會。只有國中畢業的老婆，人家才不要。」話一說完我仔細地觀察父親的反應，這時父親眼睛為之一亮，覺得我說的也很有道理，沉思了一下，才說：「好吧！那妳只可以讀省立的高中。」我乘勝追擊，順勢告訴他說，想嫁給醫生，讓我去讀美和護校當護士比較有機會。想到小時候讀到白袍小天使南丁格爾的故事，就曾幻想著有朝一日可以當護士，也算是一個小小的夢想。父親馬上回答說：「妳瘋了，別耍我！那是私立學校，很貴，妳別想了，我可沒有能力讓你讀。讀護校學費很貴，而且出來只是高級女傭，以後妳照顧病人叫妳幫病人把屎把尿，妳還不能拒絕，幹嘛去做護士？妳別再耍我了，妳只有一條路：第一是只能讀省立高中比較省。第二個條件要來得及晚上六點回家煮飯給我吃。」並回答我，離我們家最近的就是省立佳農就在隔壁村而已，也不用通勤，能省一筆火車通勤的費用，要我讀那間就好。我馬上回說：「我才不要，那間學校是男女合班的學校，我才不要！」當時的我還很唾棄男女合班的學校，對男生還很反感。父親說：「那只剩省立潮中了，妳考不上就不要再來煩我了，認命給我乖乖待在家。」

這是我第二次進行談判，猶記上一章第一次談判是和二媽，第二次的談判是跟魔鬼父親比較有挑戰性，而且還成功地達到自己的目的。談判達成共識之後，我開心極了，當然只有一間學校目標的我，又好不容易爭取來的，無論如何也要考上。人生如果只有一條路可走，相信每個人都能把這條路走得很好，也必能達標。

當年還需聯考，最後我當然是成功考進了省立潮中。我很清楚接下來的高中三年，便是我開始努力地兼差賺錢，以為未來逃家的盤纏做好最壞的打算。

如何爭取機會、創造財富？——沒有做不到，只有要不要！

掙來這三年是我脫逃計畫的第一步。我很清楚只有國中學歷，這輩子肯定是幹女工的命，再沒有翻身的可能，而我還有離家去尋找母親的願望，以及為自己買下兩間房的願望，為了實現這些目標，首先得把高中文憑拿到手，盡可能延長接受教育和思索未來的時間。第二步則是想盡辦法賺錢。當時的我不一定愛錢，但我很需要錢來完成我的目標。

一個十幾歲的鄉下姑娘能賺什麼錢？

好問題，不過你真正該問的是：一個十幾歲的鄉下姑娘有多麼想賺錢？升上高中之後，我主動去跟學校主任教官打好關係，過一陣子教官們都知道我做事勤快、寫字工整又漂亮，開始把一些抄寫國民黨員資料的簡單文書工作丟給我。別人上軍訓課時，我就去教官室抄寫黨籍資料，一個學期下來可賺進工讀費五百元，這對當時學生來說可不是一筆小錢。

主任教官當時知道我的家境有點困苦，又喜歡我開朗的笑容，認真的行事作風，所以特別寵愛我。教官室有人送來好東西，主教都會留一份給我吃，隨性就會透過廣播，要三年六班洪╳╳到主任教官室報到，結果當我一去，才知道他拿了一顆進口的蘋果要給我吃，或削了一顆進口水梨要留給我。當時年紀輕輕的我，不懂得這樣子叫做寵愛，還會耍脾氣地告訴主教，「你不要廣播叫我來吃蘋果啦，人家會以為我是壞學生，幹了什麼壞事。老是被主任教官叫到教官室報到，全校的人都聽到我的名字啦，你不要這樣子啦！」還會生氣地嚷嚷。但是主任教官都依然笑嘻嘻地說：「不然我怎麼找你啊？」我說只要叫他身邊任何一個學生去班上找我就好了，他竟然回答十分鐘休息時間很短，他怕那個學生還沒找到我，就已經打鐘要上課了。唉！我想想也對，看來還是主任教官比較聰明。現在想一想，他還真是我人生中第一個疼我的貴人。

再過一陣子，在教官室聽到圖書館工讀的學姐要畢業了，圖書館缺工讀生，我馬上主動跟主任教官爭取，是否有機會讓我去當圖書館的工讀生。主任教官當時是說，圖書館早上六點半一定要開門，通常都是用潮州本地的學生，不會用外地的，因為怕萬一外地的火車通勤時間有問題，導致圖書館沒有來得及開而出包。為了能爭取多賺五百元的工讀費用，我主動跟主任教官講，我會提早一班車來到潮州，我一定不會遲到的。主任教官看我勢在必得一定要爭取到，索性就在學姐還沒有畢業交接的時候，讓我先試著做做看，結果我都能在規定時間內早到將近四十分鐘。為了能補上圖書館工讀生的缺，我必須提早一個小時出門，大概四點多就要起床，搭上五點左右的火車，就只為了一個學期多賺五百元。但是我依然很開心，不覺得苦。就這樣，我又成功爭取到了一個學期賺取五百元的機會。

因為我常常在主任教官的辦公室寫資料，所以學校裡有什麼活兒，我都是第一個知道。上了二年級，有一次福利社的阿姨說她臨時家裡有事，因為找不到臨時代班的，便來跟主任教官告知福利社要休三天。但是福利社是學生來不及在上課前吃到早餐時，唯一可補買早餐的地方，我聽到馬上跟主任教官說：「我也可以當早餐的工讀生，我可以幫忙代班試試看。

因為圖書館是六點半開，我都是提早四十分到，所以我在六點開完門、擦完桌子之後，就可以直接趕到福利社開門，幫忙賣早餐或一些文具、零食。」因為福利社阿姨家裡的事來得太突然，想只好就讓我也試試看，結果我賣得很開心，因為阿姨除了給我工讀的錢之外，還讓我自己選一個麵包跟一罐牛奶當早餐。喝牛奶對當時的我來說，是多奢侈的一件事，每天都換喝不同口味的牛奶令我心滿意足。除了可以多賺點錢，又可以省下早餐的費用，我為自己的一兼兩顧開心得不得了。沒想到幾天代班的結果業績翻倍，阿姨更高興了她告訴主任教官說這小女孩聰明伶俐、笑容可掬、手腳俐落、人緣很好，想必引來一群蒼蠅把她的業績做得更好了。還說，以後想休息，就叫我來代班。我又成功地推薦自己，給自己多賺了份薪水。看著郵局存款簿數字往上累積時，那份滿足安全感是我每天上學開心的動力，想必窮怕了的我，一雙眼睛特別會找錢。

那時通勤搭火車從東海坐到潮州，車票是二十八元。我注意到東海是小站，沒有站務員，火車來了直接上車，到車上才補票，或出站時再補票，由於鄉下站務員管理比較鬆散，於是逮到機會就逃票。別人從票口進出，我則是從後門鐵軌上跑跳往返，逃一次票賺進二十八元，逃上來回賺進五十六元，這天的餐費就有了著落，或者明天沒放錢也可撐一趟車資。

從小讀書時父親在桌上會放每天上學早午餐加通勤費的錢，但是如果父親沒錢，就沒放錢或放不夠錢。你也不能把他吵醒，吵醒他也只是討罵的份，因為他就是沒錢又好面子，所以就要識相地自己處理不夠的部分，如逃票省下的錢就可多份午餐費，沒跑成，午餐時間就去籃球場打打球，又熱又累，飯自然吃不下，花五塊錢買紅茶解解渴，就很舒服了。為了吃午餐、為了生存，我自然能省、能逃、能賺的都不放過。雖然那不是相對愉快的回憶也不見得是光彩的事，但小時的我，只想生存，顧不得太多其他的理由與對錯，只想趕快存錢，趕快長大，趕快畢業，趕快逃離那個，我不認為是家的家。

人生的提示：

想要賺錢的意念有多強，機會就會越靠近，只差你察覺後，是否敢勇於爭取。爭取到了之後，你的工作態度，可以決定未來，並且爲你帶來一切的希望。

一夜之間，內心真正接受二媽

高中二年級的一天夜晚，我半夜醒來，聽到樓下有啜泣的聲音，我好奇地走到樓下去看，原來是我二媽在哭泣。我忍不住好奇地問她，爸爸這麼疼她，她有什麼好哭的？她邊哭邊告訴我，她所有的積蓄都被爸爸花光了，然後沒錢脾氣不好的時候，還用三字經罵她。她覺得她嫁到我們家來很委屈，從有錢到沒錢，不時還要回娘家借錢，讓別人瞧不起她。她條件那麼好，當初人家要介紹醫生、介紹老闆給她的時候，她都看不上，結果最後竟然嫁給我爸爸還帶三個小孩，村裡每個人暗地都在嘲笑她。她邊哭邊說著，原來她嫁到我家來之後，賒米、餘瓦斯的日子，借錢的動作，由我們小孩身上挪移到了二媽的身上。這些事是我小孩子的時候不知道的事。當時已是高二的我，也算個小女人了，這時候的我，心中突然產生了憐憫二媽的心。在我的眼中，她真是一個倒楣的女人，嫁給了我爸爸。如果我是她，嫁到這樣子的老公，早就逃之夭夭了。我說她幹嘛不逃了算了，她說：「錢都花光了幹嘛逃？要逃去哪裡？」給人看她笑話嗎？我說：「也對喔。」

就這樣，一轉念，我在那一天晚上，心裡正式接受了這個二媽，因為我從另外一個角度看到這個女人的可憐：賠上了一生的財富、信譽跟自

我最愛的二媽，謝謝您對我們家的付出

尊，上了賊船又逃不下船，暗自慶幸自己還逃得掉。心想她沒有生過小孩，根本不知如何用母愛來愛我們，我不應該用母親的標準來要求她對我們達到母親的愛。我轉換成把她看成是一個跟我們沒有關係的阿姨。如果一個跟我們沒有關係的阿姨，對我們沒有虐待、沒有傷害，還幫我們承擔了原本應該要我們背負的不少債務與屈辱，我還有什麼理由要求她如何對待我們呢？只要不欺負我們就算不錯了，不是嗎？

那一夜之間，我完全改變了對她的看法，完全在內心接受了我二媽。再來的我，不再是虛情假意地對她，那一夜我在心中暗自許下了諾言：如果她真的都沒有逃離這樣子的家庭，陪我父親到終老，我會奉養她一輩子的。雖然她並不知道我心中許下的諾言，但是這個諾言奉行到現在，都沒有變。我一直信守諾言，直到如今。她還是我最愛的二媽，勝過於我親生的媽媽。

就讀潮州高中的這三年我沒再轉學，儘管生存的壓力常讓人喘不過氣來，我還是開心在學校中探見一絲曙光：我在無意中聽到物理老師偶然提起了學校一個地下社團「潮馨社」。它莫名地吸引著我，經由老師引薦，我成了社團的一員。社團活動主要是在假日時探訪孤兒院、老人院，社員會事先為這些弱勢的老人或孩童規劃帶動遊戲，讓孤兒院的兒童開心一起

玩樂，讓老人院的老人也開心地跟我們互動，最後再將募捐來的零錢或物資捐贈給院方。竟然發現自己也有能力為別人做出貢獻，是一種很美好的感覺。

前幾章節曾經提到國中時期很是討厭男生，連好友交了男友，都予以斷絕朋友關係，對男生特別有偏見。直到參加這個社團後，才有了另一個重大的發現——原來「男生並非都是壞蛋」。

入社團後才知道社裡有兩個男生，那簡直把我嚇呆了。在此之前，我還死心眼地認為男生都是壞蛋，像我父親一樣只會打罵我，但在社團跟這兩位男社員一起活動時，我才知道他們也很盡心盡力，很真心照顧女生，才知道自己由於父親的影響，無形中令我產生對男生的厭惡。原來，男生也有好人的。當年都高二了，除了父親和哥哥、弟弟之外，我從不接觸任何男生。國三住在東海村，需火車通勤到潮州上學時，每天只要放學回到東海站，下了火車就固定會有一群枋寮的國中男生，在我走回家的必經之路上搭訕，令我討厭得不得了，對男生一直就沒有好印象。踏進這社團，除了讓我懂得有能力付出的存在感，也明白了世界上有好的男生。就這樣，我慢慢進入了能與男生和平共存的新階段，也因此結交了除了父親與兄弟之外的第一批男生。我們成為了甲子樂園的老伴，每年初一必聚餐的

一群一起相約到老的老伴……忍不住要向你們說一聲：有你們真好！

摯交，三十六年來從不間斷。感恩這社團帶給我的轉變，讓我今生擁有這一群老伴。

第四章：成功逃家，職前受教

十八歲的時候逃家成功，扭轉命運

第二章提過國中時逃家失敗時，二媽沒有讓其曝光，讓我躲過一頓毒打，我是心懷感激的，但她始終沒能理解我逃家的理由，只是勸我要放低姿態接受這一切，而我不願向命運低頭的脾氣，怎會相信「父親不是不愛我的」，這些鬼話我怎聽得進去，內心更覺得孤獨，想逃家的心情於是變得更加強烈。

高中畢業前夕，同學們不是為升學做準備，就是找好了工作，想到我的情況，父親不可能再投資我了，勢必要在高中畢業前，就計畫好逃家的時間與落腳的地點。有了上次失敗的經驗，這次逃家的規劃只許成功，不許失敗。

幸好天無絕人之路，在學校我的好同學拿來一份報紙，說是職業訓練局在招生機械製圖員，雖然壓根不知道什麼是機械製圖，但衝著職訓局位在高雄離家較遠，加上一年培訓期間住宿費全免的優渥條件，我毫不猶豫地和同學偷偷去報名報考。那時腦中馬上閃過的是有地方收留我住還不用錢，政府單位不會騙人又安全，這對我來說，是個不能放棄的好機會，不僅有免費的落腳處，還能學到專業技術。當時的我心想，如果只是高中文憑，無技術也只是落入在鄉下當個看店小姐的結局，這樣我想擁有兩間房的目標，實在不可能實現。拿定主意後，當時就跟一個好同學一起赴考，並收到錄取通知，但那之後才發現事情沒那麼簡單。高中畢業典禮在七月底舉行，但職訓局要求錄取人要在五月七日報到，報到當天還得預收二個月的伙食費三千元。小小年紀只想到住，壓根兒沒想到還有吃的問題。我只好硬著頭皮去教務處找主任教官說明情況，這位對我照顧有加的主任教官，和學校交涉溝通如何讓我順利先去職訓局報到學習機械製圖，學校課業就用特殊原因請假，期末考再回學校補考的方式通融（但也要各科考試通過畢業才行，當時省立高中是有留級制度的）。主教還偷塞三千元給我去報到，儘管我告訴主任教官我有存錢，他也堅持要我留點錢在身上以備不時之需。對於這位主任教官的援助，我始終銘記在心，當時的這個舉動，影響到長大後的我，現在我有能力了，就知道要多奉獻，時常自行捐助需要幫助的人。送米到各大孤兒院，也成了我每年必做的工作。

為完成去高雄職訓局報到的前置作業，我偷刻了父親的印章，把學校同意提早讓我去報到的文件，該簽的、該蓋的一一完成，神不知鬼不覺地準備就續。職訓局報到的前一晚，我牢記上回逃家失敗的教訓，刻意不打

包行李，而是等到夜深人靜、家人入睡後才起床，快速收拾逃家，隨即搭乘最早一班凌晨四點四十五分的火車前往高雄。報到那天，我拖到晚間六點，也就是理應回家煮飯的時間，才給家裡撥了通電話。話說沒兩句，電話那頭便傳來父親熟悉的咒罵聲，嚷嚷著要來把我抓回家云云，殊不知小小年紀的我，早已在腦袋中不斷模擬過父親的所有話術——哈，完全如我所想像！當然我也準備好如何應對，又不會被他抓回去的回話，於是我緩緩吐出能制伏他的緊箍咒：「來這裡是國家級的職訓中心受訓學技術，住宿全部免費，但報到之後如要退訓，我這科機械製圖比較便宜，只要賠職訓局十八萬就好。」電話那頭又傳來一堆三字經，我又冷靜地回話：「我知道你沒錢，也不可能為了我借十八萬來贖我（因為前面所提女孩是賠錢貨），所以我只好乖乖留在這裡。你放心，我絕對不會因為成績的問題被退訓，讓家裡借錢來賠，打這通電話只是要告訴你，從今以後我不會再回去煮飯了。」講完馬上掛上電話，心中快樂得像小鳥，總算飛出了鳥籠，覺得整個天空，頓時都是彩雲。這一次總算逃家成功，開心得不得了。

我嘴上故意騙父親，但其實職訓局在報到後有一週的適應期，錄取人員若覺得適應不良是可以離開不用賠錢的，這些我當然不會說。想到往後一年要過上集宿生活，每天七點起床按表操課，一星期只有星期三一天散步假能外出透氣，但我相信只要離開父親的魔掌，怎樣的生活我都願意，

把人生無處不荊棘，翻轉人生無處不驚奇

而且我有什麼選擇的餘地?這是我最好的選擇了。

我試著將過往十八年的人生記憶拋諸腦後。因為逃家之後也不敢回家,每當星期六日同學都返家時,宿舍就只剩我一人,索性就六日也都窩在教室畫圖,因為出校就會有花費。當別人放假休息時,你還不斷在精進你畫圖的技術,當你畫圖的次數,不斷超越你的同學時,「技術」與「速度」自然成為班上畫圖最快、畫圖最漂亮,圖面保持最乾淨的一個。班上同學共二十八個,我是應屆畢業生又是十二月生,年紀最小,老師特別喜歡我,因為我總能交出令老師驚訝的作品。記得老師和同學都叫我天女散花,原因是當時我的舊名叫洪千女,像千面女郎,擁有可愛又開朗的笑聲,再加上常幫助同學做該做而未做的作業,全班都很喜歡我。因為沒出校門時間很多,沒錢更不敢出校,有也只是出校買一箱泡麵。在假日時只能吃泡麵,還厲害到聞到味道,就知道是哪一牌的泡麵。住校不出校,畫圖便是唯一能做的事了。未逃家前,不知是窮,還是怎麼的,父親都說我不能夠吃牛肉,但是我好不容易離開父親的魔掌了,當時父親說不能做的,更想反其道而行;後期也因為我練就了一番畫圖的好功夫,跟同學挑戰比賽畫圖,由老師來做評審,輸的同學都要請我吃牛排,賺取星期三散步假外出的晚餐,與星期六日的餐食。這樣我又可吃好料,又可省好幾包泡麵，不但不覺得苦，甚至不亦樂乎，只要假日我都有免費的牛排可以吃到爽。那一年在高雄前鎮區職訓局的受訓期間，是我十八年以來最快樂的一年。

千錘百鍊還有開朗童顏的我，證明有正能量的人沒空老

在職訓局快活了約半年，父親與二媽無預警地跑來職訓局看我，嚇了我一跳，還很和善地帶我到附近吃餐館。二媽還私下幫父親傳話，大意是說他再也不會再打罵我了，希望我能把家真的當家，有假能偶爾回家一下，並接受他們。我思考二媽的話語，畢竟是自己的父親，只不過是個威嚴又無知的鄉下老人罷了，二媽又是個可憐的女人，被老爸騙得一無所有，我不禁憐憫之心油然而生，再加上二媽常會透過電話關心我，過些時日，我慢慢地就原諒那個無知又逞威的老人了。記得有一次回家，帶了一大疊在職訓局畫的設計圖回到家裡，父親久違地見到我，沒多說什麼，我想這是他對逃家的女兒能做的最大讓步。這天的晚飯是父親煮的，原來我離家後，掌廚的變父親。人總要當你離開後，失去你之後，才知道整個家是很需要你的，才懂得反省檢討。那天回去，我準備將半年內畫好的設計圖整理成冊，作為日後求職的作品集，但怎樣都沒法把洞給打好以利捆綁，突然父親從我身後出現，我嚇了一跳，以為他又要罵我（因為動用了他工作用的鐵槌），結果他翻了翻設計圖，臉上帶著似懂非懂的表情，隨後默默幫我將圖稿打好洞裝訂好。記憶中，這是我第一次，也是最後一次感受到父親對我的協助，但我也只是呆站在那裡，吐不出一句感謝他的話。

渴望母愛，依然落空

適應了職訓局的集宿生活之後，我下定決心要和母親見上一面。自小以來，我對母親的愛與恨便交織著巨大的憧憬和期待；我是如此地想與她重逢，每天幻想著母親一定是很愛我的，只是礙於父親的個性才沒來看我，我一直如此深信著。

十八歲的我，認定自已已足夠強大，可以去面對重逢後母親的各種可能性，於是著手打聽母親的下落。猶記上回見到母親，我還是個國小五年級的小孩；再重逢時，我已是虛歲十八歲了。我期待要見到媽媽，幻想著見到媽媽的情境，

不斷在我的腦海中模擬要說什麼話，我付出行動，也如願找到了親生媽媽，但是期望越大，失望越大。

沒想到母親離婚之後，靠著自己辛勤打拼，竟成了全省知名的蝌蚪批發商，生活過得頗為優渥，除此之外，身旁還有一個男友。重點是對方無法給她一個名份，除了要照顧這個男朋友之外，還要照顧他的一家老小，她無怨無悔地辛苦工作，心甘情願擔負他一家六口所有的支出。我不懂，為何她寧可為了男友一家付出一切，卻不願給親生孩子多點關懷與金錢的援助呢？她不知道，我是在一年期待、一年失望中長大的。我從小察言觀色，經過生活的歷練，自是比同年齡人早熟，我當然可以覺察出她行為中、言語中代表的背後意義。顯然我對她對象頗有微辭一事，讓她十分難堪，因而不歡迎我的出現。

我從小不斷期待找到的媽媽會很愛我，媽媽是不得已才離開我的，重重的藉口我都想好了，沒想到當我迎來期盼已久的重逢時，期待頓時再次落空。從小到大不斷期待的親情，都是落空的，又再一次受到親情的傷害，我對母親失望透頂。我內心不斷吶喊著「我好後悔來找妳，我好後悔」，我恨老天怎麼給了我那樣的父親，竟然還搭配這樣的母親。我前世到底犯了什麼滔天大罪，今世非得這樣懲罰我？不止一次問蒼天，不止

相信就是這張相片讓我入選，差點進入演藝人生

一次恨自己的出生，總在宿舍寢室的同學假日回家時，一個人躲在棉被裡哭著睡去，不敢再想起小學同學用異樣眼光看我的情景，小心翼翼地不讓職訓同學們覺得我是異類。人生非得再逼著我戴上面具繼續演出開心的戲碼、陽光的笑容，在愛護我的老師和同學的面前，繼續上演著雙面人的戲劇人生。那時的我，未滿十八歲，但也已經可以確定沒有父愛，也盼不到母愛了，今生已與親情無緣，所以也造就了我，特別看重朋友之情。

原來期待是落空的開始，今後的我，凡事只有盡力，不敢期待。

唾手可得的明星夢告吹

在高雄職訓局受訓期間，意外的跟同寢室的同學打了一場賭，看到報紙在招募演員，我們寢室六個人全部去報名，誰入選了，就能贏一個禮拜，五客的牛排。我覺得這個賭，還蠻不錯的，沒想到六個報名結果只有我入選。猶記當時入選通知要到台北試鏡，第一次上台北是親生母親帶著我去的，因為我不敢告訴父親，這個試鏡給了我很不一樣的經驗。記得當時參賽的人有將近七百多人，結果大家都裝扮得很漂亮，只有我沒什麼化妝，還一身牛仔衣服就闖了進去，因為也不懂試鏡是要幹什麼，更不知道要化妝。

一堆人一批一批被叫進去，進去就發給你一張台詞，叫你用台語唸一次台詞，再用國語唸一次台詞，一關過一關。最後一關來到一個很大的舞台，前面、左側、右側全部布滿了電視機，得在台上自我介紹，台下共五位評審，都是當年電視八點檔的台柱小生。突然被叫上一偌大的舞台，超過一百台電視對著你，下面有滿滿和你競爭的對手，大家都緊張萬分；而我卻在內心告訴自己，人家都知道要化妝得這麼漂亮才來，我這種連化妝都不會就闖進來的人一定不會上的，我只不過是來贏五客牛排的，來感受一份沒經歷過的試鏡而已，不用太介意。也因為自己的不在乎，就不緊張了，沒有了得失心的壓力，在舞台上自我介紹時，急智如流，好笑萬分，又與原始舊姓名洪千女相連結，辦得相得益彰，活足是個千面女郎的演員，搞得舞台下的主辦、裁判笑聲連連。裁判對我發問，我也展現出陽光那一面，應對如流。又因為我笑起來彎彎的瞇瞇眼很討喜，裁判問我是否去做的，我順口說：「我有錢只會買房，不會花在臉上！」一個吃泡麵過日子的人，哪有能力做什麼，內心只想：我只要吃那五客牛排啦！

那是一個不同凡響的經驗，過了兩個月，我竟然得到台視正取的資格。台視要我去台北簽約，一次要簽三年，不得外借，電視台配合我星期一至五要上課，所以六日搭飛機來台北接受演員培訓，從高雄搭飛機到台北的所有車馬費，全部由電視台出，受完訓之後，去演當時九點半的錦繡劇坊單元劇。但因為當時我未滿十八歲，要由監護人父親一起來台北簽契約才能生效，那代表我要回家面對父親，想了很久，還是放棄了。可當時台視不死心，讓我一次又一次沒在時間內去報到，也沒讓後面的候補遞上，還不斷寄通知來職訓局並打電話問明原因，搞得老師和同學都鼓勵我

難得的機會一定要去。我硬著頭皮回家去問父親，說明來意，父親是個鄉下人，冷冷地告訴我：「我跟你的親生媽媽都離婚了，演員就是戲子，戲子就是叫妳抱，妳就抱，叫妳親，妳就得親，戲子的婚姻也勢必一定離婚收場。妳有想要去嗎？妳自已思考一下。」那個年代，當演員的也真是很多都離婚收場，不知道父親這番話是有心或無意，但正巧擊中我的痛點。我的確渴望組織一個美滿的家庭，我不要離婚，我要有一個溫暖的家庭，愛護我的老公、保護我的男人。在那未滿十八歲的小女孩內心中是如此的渴望，為此我可以放棄一切，包括成為電視明星的機會，所以我放棄了那唾手可得的夢想，只因害怕沒有溫暖的家。

勇敢帶哥哥逃家，創造不平凡的人生

多虧職訓局一年的培訓，我不但習得一技之長，也在未結業前即提早考取乙、丙級技術士證照，要找個工作糊口看來已不成問題。心裡有底之後，膽子也大了起來，在結訓前夕，我就先投履歷並已成功地找到工作，心想：我成功地逃離了父親的魔掌，開創了自已未來的前途。但是家裡還有一個內心懦弱自閉的哥哥，家中三個小孩哥哥是最會讀書的，就因為沒考上國立大學，也不敢反抗父親，被父親帶去山上種芒果，做些粗活省一些工資，我真的是於心不忍。一個男人如果在山上種芒果，最好的結果也不過只是個果農，那種看天吃飯的職業，在我心中，哥哥是不適合的。小時候的哥哥，性格不像我這樣大膽敢衝，如果沒人拉他一把，或許下半輩子真得耗在鄉下。我不想哥哥成為無知父親的犧牲品，在結業的前夕，因為也找好了工作，大概盤算好收入與支出，讓自己與哥哥租房子跟生活費無虞之後，便計劃如何帶哥哥逃家，並幫他規劃上半年賺錢存補習費，下半年上補習班補習，再重考大學，考上大學後，我已有工作收入，可供哥哥讀書，如果不夠，晚上我可再兼職，應該沒問題。我是一個規劃好之後，便付諸行動的人，於是我冒著生命危險——這一次被抓到肯定被打個半死——勇敢地回家帶著哥哥逃家來到了高雄落腳。

後來親生母親說與其讓哥哥去找工作存補習費，還不如讓哥哥跟她批貨去市場賣青蛙比較好賺，那時內向怯懦的哥哥，為了賺取更多的學費，一個完全沒進廚房剁過什麼的人，竟也願意去剁青蛙。為了賺錢存補習費，他敢面對市場上買家的討價還價，手裡還不停地剁著青蛙，哥哥已不再是我印象中那個自閉的小男生了。以前讀書時，哥哥讀屏中，我讀潮中，有時放學會搭上同一班往南回東海站的學生列車，哥哥當時很帥，還是個很靦腆的小男生，只要有女生搭訕他，他絕對是一溜煙地逃了，連在火車上遇上我，也沒膽量跟我打招呼。那樣的小男生長大了，慢慢地看到哥哥的轉變，哈哈，我暗中竊喜。這樣好，男生就要大膽。當時，哥哥很

單純，很聽我的話，我倆感情很好，好到他交女朋友也會跟我報告。我常給哥哥信心喊話，當他已決定好了未來的路，想要，就要轉變，朝著目標前進，我一路上都會挺他。我慶幸當初有決定回去帶哥哥逃家，翻轉他的人生，從此，我成功地引領著哥哥展開了他另一段精彩的人生。

重考時哥哥報的是丙組，想放手一搏挑戰醫科，但他只補習半年，聯考的分數只能上第一屆的男護理，那時社會對於男護士的接受度相對是低的，於是哥哥選擇了國立屏東農專的園藝系。事實上我也只負擔得起國立學校的費用，就算是國立大學，若將生活費、食宿費、學雜費加總，一樣是個不小的錢坑。為了讓哥哥專心念書，我白天上班，夜晚在高雄六合夜市牛排館打工，週末、週日沒休假，也毫無怨言，畢竟是我勸他離家闖蕩的，該負的責任，我願意一肩扛起。也因為母親不曾主動開口說願意負擔哥哥的學費，所以我倆也很有志氣地不願開口要她資助。就這樣我二份工作提供哥哥學費，再加哥哥在寒暑假時會去市場賣青蛙存錢，補足剩餘不夠的部分，倒也可以撐過。我從沒期待她會照料我跟哥哥的生活，我盼的只是一句（真心的）關心。我渴望知道有人仍在乎我們，我不要那虛偽的嘴臉，更不需假意的話語。不管實際上是否如此，但我的感受就是如此。也因為有如此的際遇，造就了我現在為人處事的個性，非常討厭虛情假意的人。我也總能細膩且快速地分辨出別人對我是否真心誠意，或虛情假意的嘴臉，所以相對地我喜歡我的真。

幾番波折後，我終於也成了一個社會人。職訓局結訓後，我白天在高雄金獅湖旁的一間模具公司做模具製圖員，一個月薪水一萬五，晚上六點後繼續在牛排館打工，時薪是一小時三十元，還能有將近四千元的業外收入。白天當設計師，晚上挽起了馬尾當小妹，除了賺取自己的生活開銷，還要負責哥哥的學費與住校費，日子過得忙碌，但也早已習慣。不覺得苦。

寧可受人刁難，也不願意同流合汙的脾氣

在牛排館兼差的日子，值得一提的是，當時牛排館總共五層樓，上下的員工將近二十幾個，所有的餐飲業員工，職位從小到大，都會抽煙。在那一個職場裡面只有我一個不會抽煙的工讀生，我被女主管私下叫去學抽煙，我不肯就範，沒想到只是不想學抽煙而已，竟然就得罪了一個女主管。她認為我裝聖人，故意表現得像個聖女。我不想和這種思考的人多作解釋，縱使她是主管，也不想浪費唇舌，內心想著，我不想做的事，沒人強迫得了我。從此之後，這女主管逮到機會就處處刁難我，處處找我的碴，希望把我趕走。我有時會突然被叫上去頂樓廚房洗碗，其實店裡有固

如何擺動你人生的巨輪，端看你的「轉念」

定的洗碗工，工讀生不須上到廚房做這些事的；有時則突然被叫下去地下室搬冰塊桶，冰塊桶基本上是個重物，我一個女生是搬不動的，通常都是叫兩個男生去搬，她竟然叫我一個人去。當時我可能長得比較可愛（自誇的），只要被叫去搬冰桶，就有個男主管都會適時伸出援手，心中也滿是感激。

當時的我，只是一個領三十元時薪的工讀生，工作就是一線水杯手（端水杯的），二線端湯手，三線端啤酒杯的，升最高就是夾著菜單只負責點菜的點菜手。我除了沒被逼走之外，還暗自訂好目標，我就要升上最高的點菜手。我永遠只追著我訂的目標前進，想辦法學習如何成為眼明手快的點菜手。對我來講，我只要那一個小時三十元的薪資，不在乎我做什麼事，連洗廁所我都可以洗得很開心。我依然用磨練自己的心去面對遇上的種種刁難，把每一件事都做得很好，也因為如此，讓餐廳裡高級主管發現到我的不一樣，因此很疼惜我，每在牛排館開新產品試吃會的時候，總會叫上我，讓我有試吃的機會。我是工讀生裡面，唯一可以和高級主管參加新產品試吃的人，也是唯一從一線水杯手升上最高的點菜手的唯一工讀生。這證明不同流合汙，堅持做自己，也能以實力讓高層不得不注意你。堅信堅持做對的事，連老天都幫你。

為了趕上第二份牛排館打工的時間，我決定買一輛機車代步，車款是風靡一時的「名流一百」。那時一輛名流要價約三萬九千九百元，我記得非常清楚，因為考慮了很久，我當然只能分期付款，母親知道了，為了讓我省利息，所以叫我先跟她借錢買機車再分期付款還她，並約定每個月還她三千塊。我拗不過母親的勸說，內心又想省一些利息錢，就答應了她的提議。

但在有一次我有事回母親家遇見外婆，外婆把我叫到跟前說道：「妳跟哥哥來找生母是美事一件，但買機車和念大學還有你們的生活費要省一點，畢竟妳母親賺錢也很辛苦的。」外婆這段話我聽得是滿臉錯愕，車錢每個月都按時償還，哥哥的學費也是我出的，我十八歲就兼二份工作，連交男朋友花錢的時間都沒有，外婆到底在說什麼？但我很快就明白，母親又為了男友家裡的開銷說謊了，母親不敢向外婆坦承她在男友全家的花費，只好讓我和哥哥背黑鍋或有什麼苦衷，當時的我顧不得這麼多。我去找了母親大吵了一架，之後我們的壕溝更大了，只有在須還款的時候才會去找她，並在內心也立下了宏願，未來絕對不會像她一樣，賠了夫人又折兵。母親的行徑深深地刺痛了我的心。

決裂的日子，總比想像中更快降臨。記得那天是個颱風夜，晚上十點多結束牛排館的打工之後，我依然決定冒著颱風夜的傾盆大雨，從高雄一路騎機車趕回母親在屏東住的別墅，因為隔天假日早上十點我還得一大早到牛排館打工，沒空再回去，又答應要那天回去還錢給她，不想讓她覺得我拖延。誰知我連夜冒著雨頂著風，努力騎機車回屏東，那時已是晚上十一點多了，當我機車騎到門前，還未熄火、還未脫下安全帽與雨衣，母親便趕忙從裡面跑出來找我，第一句話不是關心我：妳吃了沒？颱風夜妳怎麼又跑出來，很危險，妳全身溼了，趕快進來喝熱湯。哈哈，這類你們想得到的正常台詞一句都沒有，她冒出的第一句話是：「妳知不知道妳哥交女朋友了？他明明已經上高雄妳那裡領錢了，他回來還跟我借！妳知道嗎？」這句話若放在其他情境，或許會讓人感受家庭的親密性，但放在這個颱風夜剛冒著風雨交加的夜晚還騎機車回來的場景，事情就「大條」了，理由就容我娓娓道來。

如同先前所述，哥哥的學雜費用都由我支出，每當哥哥需要用錢的時候，就會來高雄的牛排館找我拿鑰匙，去住處拿提款卡領錢。有一回我忘了把卡片放在同一位置，哥哥去我住處找不到卡，但今天回去就要繳學費了，我又在牛排館上班，無法回去住處找，害哥哥沒法提到款，我們只好決定他回去找母親先借了學費的錢先去學校繳，待我下週六晚上打完工再

拿錢回去還媽媽。下週六，即是這天颱風夜。我在風雨交加的颱風夜從高雄六合夜市騎著機車趕回屏東市，回到母親住的別墅，為的就是要把哥哥的學費借款給還清。母親在那時為什麼會懷疑哥哥交女朋友呢？因為當初借錢的時候，我相信哥哥有告訴她為何沒領到，只好跟她先借的事由，但她就是不相信哥哥，認為從屏東去高雄找我拿學費了，怎麼回屏東又去她那裡跟她再拿一次，顯然她只在乎她借給親生兒子的錢，也不相信她兒子沒領到錢的說辭。母親雖然沒有證據，內心卻質疑哥哥是在跟我拿錢之後，又隨口編個理由跟她借錢。一個大學生什麼時候會急需用錢？當然是談戀愛的時候不夠花費時，至少她深信自己推論是正確的。或想在當時看到我時再次驗證哥哥的說辭，但這些都不重要。

我沒想到母親會這麼不信任自己的孩子，冒著風雨連夜趕路的疲倦和被質問的錯愕，交織成大片的委屈，我不禁脫口而出：「妳當什麼母親，寧可花在男人身上，養六口人都不痛，自己親生兒子借錢讀書，妳就質疑、心痛；妳就不會關心我颱風夜沒被吹走，趕回來全身濕答答的還沒能進門會不會冷，連假裝問一下都不會；我都還沒來得及脫下雨衣，妳就趕緊跑出來問我這些事……」在聽見母親潛藏在語言背面的猜忌後，我的理性突然斷線了。只記得那晚，風雨好大，為了壓過風聲和雨聲，我用更大聲的音量對著母親嘶吼。

我控訴她不願供自己親生孩子念書；我和哥哥還要背黑鍋，一切的委屈一下全湧上心頭「妳有什麼資格懷疑我們的人格？我這不就冒著生命危險送錢來給妳了！」順勢把要還的錢從皮包裡掏出來，用嘶吼的聲音，告訴她：「這一輩子我不會再叫妳一聲媽了！」母親被我的反常給嚇傻了，她邊流著淚，邊呢喃著：「我沒資格當妳媽，我看我死了算了……」我把機車轉向準備再騎回高雄，並回答說：「我看你還沒死，我先死了，我永遠不想再見到妳。從今以後，就當我沒妳這個媽了！」那個颱風夜，一路上雨水順著風速，重重地打在我的臉上，臉上已分不清是雨水還是淚水。我嚎啕大哭地再從屏東騎回高雄，到高雄已是半夜了。那一夜整夜未眠，再也無法忍受她那虛偽的嘴臉。那時的我十幾歲，我決定離開高雄，離得遠遠的，遠離父親、母親帶給我的種種創傷，決定隻身上台北，從此不再見到她。

隻身上台北，開創精彩人生

動身北上之前，所幸媽媽曾給我基隆姨媽的電話，讓我先找到住在基隆北五堵的大姨媽，說明在未找到台北住宿地方的那幾天可否讓我借宿。

把握人生的轉捩點，闖出精彩人生

我大概只在小時候六七歲時見過姨媽一面，但她卻願意無條件地收留我，直到現在我都很感激大姨媽的援助，才有今日的我，如今我依然孝順她，和大姨媽感情比親生母親還要好，把她看得比親生母親還要重要。

上台北後，機車也跟我一起寄上來，當時是表哥騎機車來引領我，在台北後站鄭州街相認。和表哥也一樣是小時候六七歲時見過，再見已是十九歲了。我們如同電影戲劇般，約定各拿一份報紙在手上相認，我站在那裡等著表哥騎機車來，沒想到表哥的臉跟小時候一樣都沒有變，但顯然他是認不出我了，只好由我去認他。他見到我的時候，用很驚訝的表情說：「天啊！醜小鴨變天鵝了！」害我和表哥第一次見面就忍不住笑得很大聲，自然展現出我陽光的那一面。他又說：「不會吧，妳的行李只有一包加一台手提小音響就沒了，是嗎？」我點點頭，表哥接著說：「妳很有膽量喔，一個女孩子就這樣跑來台北。妳知不知道台北這邊有多少單行道，妳一次就把機車寄上來，亂騎小心紅單收不完喔。」表哥當然不知道我千瘡百孔的心，只想趕快逃離高雄，遠離那些不想再憶起的過往，重新開始新的生活。姨媽很熱情的歡迎我，表示可以長住待有更好的工作再去台北。後來我暫時先在離姨媽家不遠的汐止一間加工廠當品管員，先讓自己有收入，因為哥哥讀書住校，生活費也不能斷，總要先有收入，並安頓好自己的生活，再觀察怎麼規劃進軍台北。

繁華的台北，我要在這裡收穫滿滿！台北，我來了！

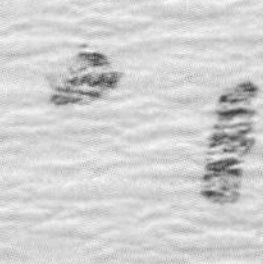

從小在鄉下長大的我，對台北有著很大的憧憬，在資訊相對閉塞的過去，城鄉差距遠比現在來得大，像我這種鄉下長大的孩子心中，台北就是遍地是黃金的大城市，滿街的霓虹燈，大大的街道，到處都是人擠人，看起來熱鬧非凡，很是興奮。很快地我就把在高雄的一切痛苦記憶，深深地掩埋在內心深處的角落裡，不再碰觸，勇敢地提醒自己，只能往錢看、往目標衝。我只知道，我一定要在這個城市裡翻身，在這個城市裡賺到一間房，要讓人瞧得起，要實現我的夢想，都要在這城市實現。台北，我來了！

第五章：基隆安身，進軍台北

表哥的玩笑話馬上把我唬住了，心想台北不只是「錢財淹腳目」，原來紅單也是滿天飛，所以騎機車回姨媽家的路上，我都是戰戰兢兢，生怕不小心吃了罰款。表哥雖然很照顧我，但嘴巴可壞得很，老是笑我滿嘴台灣國語，還有身上不合時宜的土氣穿著。笑歸笑，他當天晚上就帶我去基隆廟口夜市治裝。這樣人潮洶湧的夜市，我還是第一次見識，難掩興奮的心情。表哥在各個攤位上不停建議我該穿怎樣的衣服，結果新衣服入手了，但身上唯一貴重的東西，母親送我的十八歲成年禮——一條精緻的白金玉項鍊也被扒了，可謂損失慘重。第一天上台北，最貴重的東西就被扒了，當時小小年紀的我想想：台北真是個可怕的地方！今後我要更加小心才是。不過至少我有個能吃能睡的落腳處了，我還年輕，一切才正要開始。

安身後，當務之急就是找份工作。在高雄的模具公司當製圖員時，每天工作就是不斷的修改設計圖，一張圖可改到五六十次，改到連睡覺做夢都夢見自己在改圖，壓力實在很大，因此決定不再做製圖的工作了，內心想「台北錢淹腳目，什麼工作應該都比在高雄賺的多吧！」抱持這種天真想法，我開始搜尋不用動腦的輕鬆差事，後來找到離姨媽家不遠，位在汐止的一個加工廠品管的職缺。靠著一股傻勁通過面試，我成了品管員，月薪是一萬八千元，心想台北的錢真好賺，不用動腦子，只貼OK單，就可以比得動腦筋不斷修改的製圖員多賺三千元，再加上每天可以加班到晚上八點半的時數薪水，共可領約二萬元，興奮得不得了。

這間工廠專門生產外銷的對講機、電話殼，我每天的工作要項就是顧十五台機台，和操作的業務員大哥、大姐們聊天打屁。因為年輕時還算可愛又頗為開朗健談，廠裡工作的大哥大姐們，自然很照顧我。打好關係後，雖然品管是我的分內職責，但在操作機台工作的大哥、大姐們，都會主動為射出的產品自我檢驗，一旦發現瑕疵品，就直接替我剔除掉了，不會排入我要貼OK單的箱來害我，所以我只要在產品箱上貼上檢驗合格的OK單貼紙，就有薪水入袋了。這對我來說，真是個超輕鬆的工作，我那時真的天真地相信，台北的錢真是「淹腳目」呀！

在工廠擔任品管員時認識了一位男友。我倆歲數相同，他是我所負責機台區的業務員，外貌帶點書卷氣，很是帥氣。那會兒他暫時在工廠工作是在等入伍通知，隨時準備去當兵。最初是另一個廠區的業務想認識我，於是派他當傳信員，幾次往返之後我們反而先熟識起來，最後我們日久生情開始交往。男友的父親略懂面相學，總說我有幫夫運，非常喜歡我。問題是他們的家庭背景並不單純，他父親是個很有權威的大男人，男友又是

獨子，家庭成員二個姊姊是不同媽媽生的。我自己的家庭已是那般，再聽到男友家如此複雜的家庭關係，讓我望而生畏。我們才認識不久，他的父親就一直催促我們結婚，希望我趁他未當兵之前就先結婚，免得兵變。這一切對十九歲的我來說，都是過於沉重的壓力，而我男友甚至還沒當兵呢。當然我也害怕在他父親的權威之下生存，彷彿又回到父親的陰影下，當下我是想辦法逃避的。

等到我的男朋友去當兵，品管做了差不多快九個月，開始覺得每天都在浪費生命，另外也在姨媽家打擾太久了，我遂開始準備離開工廠到台北去獨立。這時剛好我南部同學也試著上來台北工作，我們有伴，就一起去台北租屋。我辭掉品管員工作，和她在民生西路的雙連街合租了一間雅房。那裡離台北後火車站很近，兩個天真的鄉下女孩，在後車站逛著逛著，一起進了一家精品批發公司上班，幻想每天被耳環、項鍊等飾品包圍的感覺應該很不錯。對工作依舊抱持天真態度的我，這回踢到了大鐵板，怎知一上工就碰上了大盤點，忙到午夜十一點多才能下班。兩天後，我們倆就都離職落跑了，錢也沒領到。這才體會到上一份工作的好運氣，但運氣是會用完的，後來再比較了幾份工作的薪水，我都不滿意。漸漸地，我再回頭看看台北製圖工作的薪水，比一般店員或工廠的薪水來得高，知道自己遲早得再走回製圖的老路，才有機會賺更多的錢。

過去因為窮怕了，我心目中理想的工作是找份朝九晚五的工作，下班後再兼份差事。我翻了翻報紙的求職欄，作了一番比較之後，發現還是只有製圖員的作息比較正常，才有朝九晚五，薪水也高一些。過去待過的高雄模具公司，雖然常要修改設計圖，但下班後仍有餘力去牛排店打工，至少也有兩份工作撐著，來台北自然也得要有兩份工作的想法一直沒變。

後來在住家附近應徵了台北知名衛浴生產大公司的製圖員。面談結束後，對方說，如果錄用會在一星期內通知。我猶豫了一下，不知哪來的膽子，立刻回答面試官說我無法等這麼多天。「我知道自己的能力，現場也筆試畫圖了，如果你需要我，不需等那麼久。在等的七天裡，我不知要不要再去面試。」明確地回答：我有租房壓力與經濟壓力，無法浪費太多時間等工作，「如果你今天下午五點以前無法給我答覆，我就不來了，明天直接去其他公司面試！」

其實我從小在父親魔掌下生存，早就練就察言觀色的好功力，在觀察結果後作出判斷，即便手上談判籌碼不足，只要把發球權換到自己手上，通常能獲得我想要的結果。不為不確定的工作浪費時間等待，因為對一直

在追逐金錢的我而言，時間就是金錢。

我知道面試官很欣賞我畫圖快速、工整的實力，又觀察到現場製圖桌只有二個，而這個大公司只有一名組長在畫圖，顯然是跑光了或徵不到，或是正要擴編。曾在學校打敗天下無敵手，我對自己畫圖的功力滿腹信心。面試官隨手拿個東西，考驗我現場直接畫三視圖的功力，從他的眼神、表情可看出，他對我的速度之快，驚訝萬分。我想沒有當場錄用，是主考官要再上報高層，但我不想讓主考官拖延，影響到我工作的天數，繼而浪費到我的月租房租。如果指定當天傍晚一定要回覆我，他要錄用我時，就得在我離開後馬上去上報。這樣我也不用浪費七天的時間，去等一個不確定的工作，更不想讓自己處於進退兩難的情境，為了到底還要不要去別間應試而猶豫不決、不知所措。此時只有果決地提出要求，即便對方不要我，我也能清楚明白地趕快找下一份工作，不會被別人耽誤自己的目標。

結果答案真如我的判斷，下午四點五十分，對方電話通知我，明天可以直接上班了。之所以十九歲就有此氣勢、自信滿滿，多虧了小時候環境磨練出的觀察力，與職訓局時沒錢不敢出校，只好不斷練習畫圖的次數。正可謂是「**沒有技術，只有次數**」，練就了我畫圖的好功夫。

雖然好一陣子沒碰機械製圖了，但我很快就上手，沒多久全公司都知道那個新來的女職員畫圖又快又漂亮。公司設計部那時接了不少建設公司的外包案子，非常欠缺人手，卻又不肯給加班費，所以我總是準時打卡下班，好趕去後火車站附近的隆美布店兼職當店員，從六點半兼職到九點半關門，如願地兼二份工作。過了一陣子，公司主管跑來找我談，是否可以加班。我直白地回應，我晚上有兼差，無法加班。而且還白目地回答：「你們公司加班，還沒加班費呢。我有經濟的壓力，哥哥的學費加住宿生活費和自己在台北的生活負擔，所以我需要兼二份工作，請多體諒。」

但因公司累積的圖太多了，只有我和組長在畫是畫不完的，公司又不想另外再請人，所以主管他只好要我自己提出加班的費用。我只要求符合勞基法規定就好，因為這樣的加班費已經比我晚上兼職的薪水還多，主管二話不說就答應了。開始加班後，我就只剩週六跟假日放假時可以兼職了。我依然不放過假日賺錢的機會，還是找了個週末、週日放假時可以兼櫃的差，去專櫃服飾店當臨時站櫃的代班小姐。在這之前，我根本沒賣過專櫃的衣服，但去應徵前，我仔細觀察別人如何銷售，以及和客戶應對時使用的話術，成功地爭取到週六、週日兼職專櫃小姐賺錢的機會。

GOALS
Frank Jefkins
Warren Newman

當時假日我都在台北，晴光市場附近的巨力專櫃服飾店賣衣服，早上十點到晚上九點半，一天工資是兩百元，還可以抽成。所以我選擇高檔精品服飾店，商品單價高，抽成自然也就高。那時只要業績達一萬元以上，就能抽成兩百，等於站櫃一天有二天的薪水。我只有六、日二天可兼職，當時六還只休半天，一個月兼職只有六天；如果我將業績目標設定為基本一萬起跳，達標就等於一個月變十二天的薪水。當時才十九歲的我，發現店裡女客大多由陪同的男伴付帳，只要能說服女客喜歡，男伴為了面子，通常會掏出錢包付帳。當時的我，眼明手快，只要觀察一下女客的身形，很快就能在櫃上服飾裡，選出兩三套適合女客身形的服飾讓她試穿，總有一套會讓女客買單的服飾。快、狠、準的功力，讓很多老闆搶著要我去代班。這簡直把小時候對父親察言觀色的功力帶到台北來，還運用得淋漓盡致。

在衛浴生產公司當製圖員待了將近十一個月，有一天接到二媽寄來的一封信。打開一看，裡面是一份報紙，上面寫著台灣知名塑化公司準備對外招考製圖員的消息。這間台灣最大的知名塑化公司，過去從沒對外招聘製圖員，我心想假如能順利應徵上，往後還會有退休金的提撥，生活定可更加穩定。但我也明白這種機會，競爭者絕對非常多，沒有拿出最佳表現是很難出線的。應試者要考文科、術科和口試，離開書本這麼久了，就算臨時抱佛腳

效果也有限。在我想來，只能靠術科這強項來彌補不足之處，超越別人。

我思考了很久，單單畫得好一定還不夠，要畫到讓面試官驚豔的程度才行。文科雖然要現場考試，但術科作品可以在家準備，我選擇了吊車的設計圖。在機械製圖之中，吊車的鍊子是最難畫的。這小小零件需要用針筆畫，以弧加線的方法繪製整條鍊子，不能有任何一點突出。這點就算對行家而言，也都是個艱鉅的挑戰，不會有應試者選這種作品為難自己的。我預測其他應徵者不會在術科上冒這個險，所以我孤注一擲，走不一樣的路。在籌碼不足的情況下（認為文科贏不了人，因書沒在身邊，也沒空檔可以看書），只能靠術科和面試官來場面試應變了。

想好應考策略，我便報名考試。應考當天，文科果真寫得馬馬虎虎，但接下來的口試，才是重點。

口試時有三位長官在場，輪流提問。其中一位長官要我預測自己的成績如何，我坦白告知文科實屬弱項，畢竟離開學校有兩年之久，手邊也沒有相關書籍閱讀，考試成績自然不會太好。因為自知文科一定考得不好，所以我故意在面試時把話題轉到術科，並回答「我覺得文科成績意義不大。你們要徵的是製圖員，進公司之後要畫圖，而不是做行政文書工作，所以應該是著重術科。不知道長官有沒有看過我交出的作品圖？我對自己畫的圖非常有信心，我相信沒人敢送出這樣的作品。」主試官抬頭看看我，點點頭笑了。

另一個主試官馬上接著問我有沒有畫過配管圖。我說沒有，並回答：「但是我學習能力很強，又聰明，畫圖工整又快，在模具工廠和現在公司製圖經驗有兩年多，多難的圖都畫過，相信自己一定能勝任的，如果面試官給我機會試試，我定加倍努力回報公司的賞識。」十九歲的我，不知哪來的勇氣，一連串的口試應答，我均能有條不紊地一一回答。我從眼神看得出來，面試官很是滿意的眼神。面試結束之後，要經過三個月以上的往上呈報審查。我交出最棒的作品圖，也表現出高度的進取心，如果面試官相信我的能力，就有機會錄取。想是這麼想，三個多月仍是頗為漫長的等待期，還好我有工作可支撐。再度回歸到上班與兼差的生活循環，等太久也忘了時日，以為自己沒考上，也沒太注意。直到接到錄取通知後，才知道那天約有八百多人來應試，連同我在內只有五人錄取，太誇張了！也因這次的招考盛況空前，竟然在那大公司內部造成一陣轟動，在我們還沒進公司之前，內部人員就瘋傳履歷照片，大家都知道我們的姓名、來歷。錄取的五人之中，四個女的，一個男的，公司同仁還替我們冠上了「五虎將」的封號。

縱使手中無籌碼，亦勇於應考，挑戰不可能的任務，自信打敗一切！

考進台灣有名的前十大公司

進入這大公司後未來的十五年裡，我從機械製圖員成為唯一升到最高職等的女製圖員，並迎來人生中幾波重大危機。

進入全台灣最大的塑化公司工作，心裡著實安定了不少，認定我可以在這裡做到退休，又是可以領到退休金的公司，心滿意足了。當自己工作穩定之後，還是忍不住會想到還留在鄉下的弟弟。後來我也輾轉從二媽的口中，知道弟弟在國中時期就被帶壞了。他們也無法管教他，很無奈。我能理解弟弟變壞的理由，當時他才八歲就沒有了媽媽在身邊照顧，也不懂得如何表達內心的恐懼。連我都有這麼多心理的問題，何況是他呢？我不曉得他要跟誰發洩，我不曉得他怎麼樣度過他小時候失去媽媽的恐懼。因為當時的我也才九歲，也不懂得怎麼去和一個六歲的弟弟對話，只是不要讓他餓著了，如此而已。在我和哥哥穩定之後，那時我在台北想到只剩弟弟還沒上軌道。我那時十九歲，弟弟才十六歲。想想弟弟從小不愛讀書，心想只要他不變壞，一個男人只要有一技之長，就可養家糊口了。

我在台北透過報紙找到了齒模技師願收學徒的廣告，不但包食宿，去掉了大部分的開支，還會給一些零用金與生活費。心想弟弟學成之後，等待父親老了退休，還可傳承父親的技術，可謂一舉兩得。而且地點在新

竹，離弟弟的壞朋友遠一些，離我待的台北近些。我找到了這樣子的學徒工作後，打電話跟對方的師傅聯絡，了解學習環境與工作，發現師傅是一個很好的老實人，弟弟在那裡學習，應該沒什麼問題。規劃好了給弟弟的安身之地，我找到了弟弟，帶著弟弟和禮物，人生地不熟地坐車到新竹師傅的家，親自把弟弟送到師傅的手上，看了環境之後，我才安心地回台北。總算卸下了心裡的所有石頭，心中總算也安定了些。

在大公司工作，我也很快就適應了環境。當時我十九歲左右，是公司最年輕的一群，公司裡長官都對我照顧有加，但充滿菸味的工作環境，卻讓我無法忍受。那個年代尚未禁止室內抽菸，不管是餐廳、電影院，總有人會吞雲吐霧，辦公室這種容易累積壓力的場所，就更不用說了。一開始我嘗試忍耐，但對菸味非常敏感的我，實在無法在室內菸味的干擾下畫圖，總是忍到下午眼睛就被菸燻得紅通通，所以我又忍不住開啟了談判模式。我直接跑去所在大樓裡，職等最高的副理辦公室，面見副理協商。我並不是要求同事少抽菸，而是「禁止」在室內抽菸！這絕不是新進人員有膽提報的建議，但我在與副理的辯論之中，拿出報導美國當年正全面實施室內空間、餐廳全面禁菸的報紙，與吸二手菸比一手菸還毒的簡報數據，據理力爭不應該犧牲非吸菸者的健康等權利，來提醒高層須智慧地判斷與應該要處理的刻不容緩。直接與副理進行直球對決的溝通談判，最終副理在幾番辯論之後，願意退讓馬上作出決定：我們所在的大樓全層禁菸，工程師要抽菸，請移至樓梯間內。從那天起，我更有名了。全公司都在流傳十九歲的小妮子槓上了全公司最大的部門副理，重點是副理沒有惱羞成怒，還成就了這小妮子的願望。公司全層工程師約一百二十人左右，一下就傳開了，全體譁然。但對我來講，我不想要有名，只不過是爭取我在沒有二手菸的環境下工作的權利而已。消息發布之後，我多了一個「洪則徐」的綽號，媲美鴉片戰爭的「林則徐」。

當初我們新人「五虎將」會造成轟動，除了是第一批的外招人員之外，還因為五人裡面有四位是年輕女孩，這為公司注入一股青春的活力。一間辦公室都有四十到六十位工程師，配上二位十八、九歲的小姑娘，自然是引來許多工程師及仰慕者的追求。步入職場之後，大家的社交範圍有限，這也是辦公室戀情容易展開的主要原因。

那時我沒太多時間可以約會，始終維持白天上班、晚上打工、假日代班的步調。別人以為我眼光很挑、很難約出門，其實是我將全部時間拿來賺錢打工、兼職。縱使當時追求者眾多，也挪不出空去約會，因而造成許多的誤解。

緣分這東西就是很難講。當時我因為太累還是如何，得了急性盲腸炎，人在長庚的急診室，剛好我的室友才剛離開一下子去買晚餐，救護車此時就到了，隨即我就被救護車載往林口長庚醫院去開刀。當時沒有手機，無法聯絡上出去買便當的室友，正巧身邊只有一位男同事剛下班來看我，這位男同事只好跟著救護車一起被載到了林口長庚醫院，照顧我直到凌晨二點，他都沒離開，守在我身旁。二十歲初的我，生平第一次一個人在外地面臨即將開刀，父親和二媽在屏東縣枋寮鄉，路途遙遠一時也無法趕到，只得自己為自己在開刀同意書上簽名，身邊就只有一個不太熟的男同事在身邊照顧。凌晨二點多的醫院裡，冷氣很冷，想到要一個人被送進去開刀，小小年紀的自己，也嚇得身體一直發抖，身邊只有不熟的他，握著我的手：「不要害怕，等妳開完刀，復原後我就帶妳去玩。」，像哄小孩一樣說著安慰的話。不知道是否因為一個人在外地，又是第一次開刀恐懼感特別大，身邊有人照顧著，不管說什麼，聽起來都特別覺得溫暖，感覺對這個男同事的印象就特別好。等到凌晨四點多被推進開刀房，再等我醒來已是隔天早上十點多了，這期間都是這位男同事沒離開地照顧我。叫他走，他也不走。父親與二媽來到林口長庚，已是下午兩點半左右了。

晚上下班，好多同事都來看我，當所有同事要離開時，順邀這位男同事一起離開，他竟然當著眾同事面前回答：他要留下來照顧我。一下子同事全誤會了，以為我們已在交往，但其實什麼都不是，也沒交往過，但此話一出，便將其他眾多追求者全數打倒。天啊！哪有這種人，怎麼這樣啦！當時的我，跳到黃河也洗不清，叫他回去，他竟回去洗個澡，背了睡袋，又跑回醫院，硬說要照顧我。我告訴他我有男朋友不想被誤會，又回他我父母都到了，不用他陪了，希望他能離開，因為我們只是一個再普通不過的同事罷了，不想被誤會。沒想到他竟語出驚人地說：「妳有男友是妳的事，我想追妳是我的事。妳不用再趕我，我會照顧到妳出院為止，因為妳的父親與二媽看起來應該也無法照顧妳的樣子，我來照顧比較安心，妳不用再趕我。」當時小小年紀的我，覺得台北的男人怎麼會那樣啦，真的超白目的，但又因為開刀的前一晚真的很害怕，有他守在身邊，也真的比較有安全感，實在也不好意思說太難聽的話，父親與二媽也沒表示什麼，就隨便他了。出院後，自然和這位王工程師熟了些。復原後不到半年的時間，我竟又車禍了。當時我的腳植皮開刀做清創手術，並且需要定期換藥，無法正常走路，要拄著拐杖走路，長達一個半月。當時我承租的房間是在公寓三樓，遇到上下樓梯時，都由他來背上背下。感動之餘，自然對他也產生了好感。

一次急性盲腸炎，一次車禍，這兩次當中男朋友都在宜蘭金六結當兵，無法回來照顧我，都是這一位工程師在身邊照顧著我、細心呵護，拒絕不了又無法趕他走。久而久之，鋼鐵般的心腸也柔軟了下來。而當時正在當兵的男友，也只能在軍中休假時，來看一下我，隨即就要回部隊，也幫不上忙。日久生情之下，慢慢地放棄了我的最愛——在當兵的男朋友，選擇了這位工程師，也就是當時所謂的「兵變」。那時候我的男朋友快當完兩年兵，再二個月左右就準備退伍了，卻在這時發現我兵變了。在他退伍之後，我也明白告訴他，我想要一個安全的婚姻，你爸爸的權威態度，使我聯想到了我的父親，讓我產生恐懼，你又是獨子，不可能不跟爸爸住在一起，我真的很愛你，但不敢選擇你的家世，好不容易從那樣子的家庭跳出來，不可能再跳進這樣的家庭，我無法消除我內心的恐懼，我只要一個安全的婚姻。他聽了很傷心，在他退伍後工作還不到兩個月，也出了車禍。男友遇到一個女同事照顧他兩個月，之後他們就結婚了。我知道這個消息後，大哭了三天三夜。一切來得太快了，來不及思考，來不及後悔，一切都來不及。這是我第一次真正感受到愛與家世無法兼顧時，我還是選擇了安全的婚姻；這是我首次感受到失去最愛的感覺是這麼地痛。背棄了最愛，放棄了夢想，我要的——就只是一場安全的婚姻。

儘管如此，我內心對男人還是有所恐懼的。我和公司這位王工程師在交往的四年當中從沒吵過架，也沒看過他發脾氣。這一切的特質，都是我長久以來期盼的，只要他脾氣好，不要像父親那樣就好。他在這大公司的薪水也不錯，正常升遷年收入自然也可以一百二十萬以上，我如此判斷，日常生活也沒什麼大問題。我放棄了我的夢想沒去演藝圈，我背棄了我的最愛，就是要一場安全的婚姻；我逃離了我熟悉的故鄉，為的就是要不認命，為的就是要有一個依靠、有一個溫暖的家。我害怕小時父母離異帶給我的傷害，我只要安全的家庭，高富帥的白馬王子就讓別人去等待吧，我只需要一位貼心、脾氣好，可以照顧我三餐無慮、衣食無缺的男人就夠了。我喜歡他的低調和體貼，還有他簡單不複雜的家世背景，這些都是我考慮的條件之一。

還有我特喜歡男友的父母親。他父親是位憨厚的退休警察；母親是對我寵愛有加的家庭主婦，每回登門拜訪，就會準備整桌我愛吃的菜，特別是苦瓜和茄子。我逃家去高雄工作的時候，薪水不高又要供哥哥讀書，所以餐費總是特別節制。當時的我，買了一個小電鍋煮飯，便當裡就裝著白飯，再去自助餐夾兩三道配菜，午餐大約十九到二十元就可解決。裡面一定有一道是苦瓜，是用來砥礪自己要把吃苦當吃補，遂漸漸地把沒特別喜

當年26歲的結婚照已成回憶

歡吃的苦瓜吃成習慣了。茄子就沒人可以想出來了吧！哈，俚語有句：吃茄才會秋對。我愛吃茄子是在提醒自己，要成功翻身才可「秋對」（台語唸法）。男友的母親雖然不知道我背後的故事，但注意到我喜歡吃苦瓜和茄子，只要知道我要去，就會整桌都煮上我愛吃的菜色。這樣貼心的舉動，是我從小最渴望得到的母愛，在這裡我真正感受到了母愛的溫暖，所以我特別感動，特喜歡他母親，因此我跟他母親感情非常好，更沒有什麼婆媳的問題，說我是為了男友母親才答應出嫁都不為過。而他也是同事公認的好好先生，我認定他一定可以給我安穩且溫暖的家庭。

背棄最愛，選擇安全的婚姻，依然離婚收場，

二十七歲的時候開啟一段看似安全卻失敗收場的婚姻

那年我二十六歲，他三十二歲了，他媽媽一直催促我們結婚。我的父親警告我，說他是基隆人，而且是外省人，我從屏東嫁到基隆這麼遠。父親說：「妳更要注意的是，我跟妳的親生母親差九歲偏沖，就已經離婚了，妳跟他差六歲是大沖，妳確定要嫁他嗎？」當時的我自信滿滿，考驗了四年多的朝夕相處，沒有吵過架，每次下班或者是假日，他都載著我到處玩，即便是他沒有多少錢，他也騎著機車帶著我到處玩遍。我覺得他應該是夠愛我的，才不相信那老人家的迷信，什麼差三、六、九歲偏沖、大沖之事呢。

正當我準備發紅帖，宣布要和交往四年多的王工程師同事結婚時，卻引起了部門大地震。大家一方面驚訝我們交往如此隱密，四年多來都沒人發現新郎會是他，只不過多年前知道他在醫院照顧過我一次而已；一方面更是疑惑在眾多追求者當中，我為何偏偏選擇了最不顯眼、最窮的一個，很是驚訝。

沒想到人的成長環境，對人格的影響是如此地深遠，埋藏腦中的那些觀念，不是你想甩開就能甩開的。我的成長過程中缺乏母親照顧，更沒有

父親的疼愛，那樣環境下成長的小女孩，長大之後，心願很簡單，內心只想找個脾氣好、願意疼我、照顧我的安全對象。而且從小就被教育「有錢人的飯碗不好端」，談戀愛最重要的是門當戶對，我們不應該去高攀上流，所以我回絕了眾多富家子弟的追求，開得起進口跑車、在高級餐廳用餐的，我更是害怕，反而選了一位搭公車通勤、再普通不過的上班族。重點是來往四年內沒吵過架，看起來安全又是個好好先生的工程師，這樣讓我覺得不會離婚的婚姻，比較有安全感。

結婚前，我和丈夫維持非常單純的關係，交往四年不曾同居，不曾婚前性行為，因此低估了生活上的習慣與天差地遠的個性——一個開朗、追求者眾多，一個寡言、沒什麼朋友——對組織家庭可能造成的影響。

丈夫平時在公司是個認真工作、很安靜的人，我以為是認真工作才很安靜，沒想到他連在家時，都很少開口也很安靜。他只喜歡靜靜看著報紙、喝著茶、看電視，看我忙進忙出一直做家事，也不會幫忙打掃家裡，活像個大老爺；不須和他說話，因為他也不想和我說話……卡！我又不是女傭！

一開始是生活習慣引起口角。我可以在家中各個角落，舉凡床頭、床尾、沙發甚至廚房，撿到丈夫穿過的髒襪子，茶杯或發霉的茶葉杯。撿久了，自然忍不住會抱怨幾句，長久下來就變成囉唆了。原來談戀愛很容易，但要一起生活，還得要有接受對方生活習慣的功力，包括每次半夜都被冷醒，被子不知怎麼睡的永遠被捲走，起床後被子還一定變成一顆球，真佩服，不知如何可以讓被子每夜都變成球的功力。

我們在婚後的生活習慣中關係漸漸不好吵架時，我也曾離家二次都因為心軟，他求我回來，我就又回來了。他不會說「對不起」三個字，只會用幫忙做家事來賠罪（因為平常他大老爺不做家事的），讓我知道他認錯了，夫妻之間彼此有著一個默契，很快地我就又原諒他了。

我們結婚前本來就講好，要當不生孩子的「頂客族」。這是我為婚姻加的最後一道安全鎖：萬一彼此關係破裂，我隨時可以離婚。二十七歲時我卻意外地有了身孕，發現時已經過了兩個多月。本以為腰圍越來越粗是自己長胖了，因為結婚之後我就不再兼職，想說是運動量不足，假日開始去打羽毛球，睡前還會做點仰臥起坐。從沒想過自己會懷孕，因此還去打了德國痲疹疫苗，結果這種活性疫苗很可能會導致嬰兒失明或耳朵失聰，連看了兩個不同大醫院的主治醫生，均建議我要拿掉，我跟丈夫商量之後，決定在小孩未滿三個月前趕緊把孩子拿掉。事關孩子一輩子的健康，萬一生出有問題的寶寶，我們夫妻養不起。這太冒險了，所以我們只能如

此決定，但老天並不這麼想。

我依約訂好隔天下班就去婦產科診所進行手術。但就在手術的前一天，公司一位萬年不曾休假的主管突然請假，主管不在，底下的小朋友，自然會趁機摸魚，因為公司旁邊就有間醫院，所以我也偷跑去掛了中醫科，看一下腳筋久沒治癒的傷。中醫看診前，先要把脈，這脈一把，醫師他隨即問道：「妳有孕在身怎麼沒有事先講？」我回答，明天就拿掉了，不用講了吧。醫生問：「為什麼？」我遂把接種疫苗的事情告訴醫師，並說明看過大醫院的二位醫生，也都判斷我要拿掉，不要生。聽完後，這位中醫竟然從抽屜拿出一本書，問我和老公的八字，自顧自地幫我算起紫微斗數來了。算完之後告訴我這個孩子是「貴子」，應該要生出來，不用擔心，健康絕對不會有問題。

正常人應該會對這位中醫的說法一笑置之，孩子若帶著缺陷出生，這是誰都難以扛起的責任，但卻在我的心中留下疙瘩；因為在墮胎前一天巧遇萬年不休假的主管休假，然後意外碰見一位懂命理的中醫師，這麼雞婆地來告訴我：這是貴子，不能拿掉，這樣的巧合真的只是「巧合」嗎？我害怕地猶豫了。回家後，我和丈夫聊起這些巧合的遭遇，沒想到他也猶豫了。發現懷孕到決定墮胎的時間很短暫，我們都還沒跟婆婆交代，這對丈夫來說，是心中的一塊大石。後來我們跟婆婆坦承一切，但連婆婆也不敢下決定，於是我們決定把決定權交給了一位萬華頗有名氣的算命師，想聽聽他的說法，哪知道結果和中醫所說的一模一樣。我們深思熟慮後，想是註定有緣來做母子，才決定生下來。

懷孕期間我和丈夫的衝突也沒減少，他也控制不了情緒，在懷孕當中有些小口角之後還會動手打我，我也差點三度負氣離家出走，但是為了小孩，我還是忍下來了。在不安情緒中，懷孕到六個月就異常出血。醫生要我請假休息安胎，但我們不富有，小孩出生後開銷會變大，我不敢不去工作，怕休假太多。七個月產檢時檢查出前置胎盤，八個月後突然安不住，破水催生了。孩子是個小男孩，出生時早產，還好真的是正常的小孩，體重只有兩千克，一度因黃疸過高差點換血，住進了加護病房，經過了幾段波折，最後還是救了回來。雖然小孩到四歲前，只能靠流質食物吸收營養，但長大後已經和正常小孩沒有兩樣，我慶幸當初所作的決定。

孩子的出生並沒有改善我和丈夫的關係，漸漸地過往的體貼、溫柔都蕩然無存。他變得越來越沉默，任何事情都憋在心底，不太溝通。這種人一旦情緒爆發是非常可怕的，我也開始更沒有安全感了。

記得有一次我的手錶壞了，那時我的單位活動比較多，一直沒時間拿

去修理，便請丈夫幫我跑一趟錶行。沒想到聚餐結束回到家，就接到婆婆的電話，告訴我丈夫在錶行跟店員一言不合打了起來！我不相信，難道他婚前的溫和、平靜都只是假象？類似事件日後持續發生，也偶爾會情緒暴衝。有時連我買錯東西或多說兩句，他都會很生氣，甚至動手想打我。就連我和婆婆電話聊久一點，他也會莫名地生氣厭煩。當另一半逐漸變得陌生、疏遠、厭煩時，我們漸漸地斷絕了溝通。最可怕的是，我在丈夫身上發現了父親的影子，這尤其讓我感到絕望，內心開始再度進入恐懼之中。難道這是報應嗎？我放棄了演員夢，我背棄了最愛，選擇安全的婚姻，最後依然是悲劇收場。

但是壓倒我們夫妻的最後一根稻草，竟然是爸爸的負債。因為丈夫的個性，覺得我們夫妻也沒有很富有，他覺得我嫁給他，我所賺的錢，就應該要用在自己的家庭，不應該在再拿回娘家用。縱使我拿的是我自己賺的錢，他也不能接受。我們為了父親的負債吵了幾次之後，他就更不願意溝通了。當時他爸爸回大陸探親的時候，他倒是很大方地拿三萬多給他的父親。那時候的我，就告訴他說：「我的父親是救命錢，你的父親是旅遊的錢；為什麼我不能夠拿一萬塊、幾千塊救濟娘家，你就可以大方拿三萬多給你爸爸當旅遊金？你爸是人，我爸就不是人？」這些觀念在談戀愛時，都不知應事先溝通的，這也造就了我深信唯有錢才是萬靈丹，真是「貧賤夫妻百事哀」。

我們的感情撐不到二年，那一年我二十八歲，我回去二媽家，告訴二媽說：「我好累，我不想再為別人口中的好女兒、好媳婦、好太太、好媽媽的那個『好』字活下去了，那太沉重了。今後我只想為自己而活，不再期待什麼了。」放棄一切，得到如此的婚姻，我徹底絕望了。

人生總有許多選擇，相信自己，勇於接受逆境。

最後一次和丈夫的溝通，是一次我們一起開車上班，我們沒錢在公司附近長租車位，得在附近國小旁找不用錢的停車格，通常要等國小學生上學時段過去。等路口的糾察隊離開後，所站的位置剛好可以停一部車，而且是不收費的。那天出門早了點，只好臨停路旁等學生散去。看著小學生天真可愛的模樣，我忍不住想起自己的孩子未來長大的環境，也想到自己童年的不幸，真心期盼小孩能在健全的家庭中成長，於是在車上鼓起勇氣最後一次和丈夫溝通，讓他知道我不願放棄這段婚姻，如果兩人都有心挽回，仍舊可以牽手走到老。我難過得越講越激動，甚至哭了起來，邊哭邊說想保住這段婚姻，希望倆人要互相包容改變，讓這婚姻可以持續。一段沉默之後，只見丈夫突然大喊「走了啦！妳在等什麼？」我先是愣了一會兒，才意會到丈夫看見糾察隊員離開，要我趕緊把車開進停車位裡（當時他是大老爺，我是司機）。也就是說，他壓根沒在聽我說話，我忍不住哭成那樣，他也無動於衷。那一次是我最後一次跟他溝通，也在那一刻，內心就決定放棄這一段看似安全的婚姻。

準備要提離婚的期間，剛好公公婆婆先後查出了胃癌與肺癌，我和公婆關係很好，不忍讓老人家擔心，只好把離婚這件事給暫時擱下。後來他倆老先後因為癌症離世，我在意的母愛也消失了，我當初期盼的平穩家庭也宣告破滅，再也沒有需要維持婚姻的理由了，離婚之事遂也自然浮上檯面。

我們在公婆去世後，把位在公婆家附近共同持有的房子賣掉，所得二人平分，我和丈夫就搬到台北公司附近先行租屋。租屋的負擔、水電費、小孩的教育費，他計算著要我也要出一半，理由是我也有住，這種理念也讓我不能接受。還沒離婚前，我還是你老婆，難道我不能住免費的嗎？沒有了愛，什麼都會計較，為了一些小事、生活費用出現各種計較，觀念、理念不合，也溝通不了。那時小孩還小，所以一直在修補與離婚之間游移，後來在一次的爭吵中，我離家了。這次離家，就沒再心軟回頭，大約分居了二年，即便這樣也常為了小孩的事，爭執不斷，最後在孩子六歲左右，我們正式離婚。我放棄一切所選擇的安全婚姻，最終宣告失敗，但我不後悔。苦撐了好幾年，我終於明白：婚姻是兩個人要共同維繫的，不是你一人就可以修補起來的，要有共識，一人努力是沒用的。決定放棄婚姻，放棄我當初覺得最安全的選擇，離婚之後，我決定要獨立勇敢地再跨出人生的下一步。

從此展開追錢的人生是我唯一的目標，因為沒有錢的娘家，讓老公瞧不起，因為沒錢，貧賤夫妻百事哀，因為沒錢，夫妻只會斤斤計較，顯得感情的淡薄，錢在當時是萬能的，也是擁有安全感的唯一產物，我如此認定。

第六章：結拜好姊妹倒會的拖累

三十六歲的時候被情同姐妹的摯友倒會背下巨債

我在台灣最大的塑化公司一共待了十五年，任職當中認識了一位長我幾歲的好姊妹，她在我們公司相關企業服務，再不用多久便滿三十年，可以領到這間大公司的退休金了。我和這位好姊妹有個共通點，就是我倆都在各自部門當互助會的會頭。最初我會當會頭，是因為有段時間家中只剩我有收入。哥哥當時還在唸書，之後再去當兵，父親的工作則有一搭沒一搭，而且有跳票紀錄，也沒票可周轉了，我除了要供哥哥讀大學，父親有急需時跟朋友借不到錢了，也會找我調錢。當時在公司月薪只有一萬五的我，不得已只好起個會，自己當會頭來解決父親的財務狀況，所以在我北上工作的第三年，開始因為父親的債務而被迫當起了會頭，再慢慢分期付款還。之後又陸續遇到自己結婚要買房，哥哥台中創業需要首筆創業資金，這些都得透過先標會才有整筆的頭款，也才有辦法買房和創業。就這樣一直當會頭以會養會，扛在身上的責任沒完沒了，直到結拜的好姊妹倒會為止。

這位好姊妹，也是在我們相關公司的同事。我們兩個的公司就在隔壁，整棟大樓都是相關公司的單位，只是單位不同。我倆都在所屬單位當會頭，常會互相交流，她起新會的時候會找我跟會，我起新會的時候，她也很好心每會都幫我找她的同事來當我的會員。她形象很好，在公司也很資深，除了幫我把新會會員湊足之外，還會幫我把所有會錢統合收好再交給我。陸陸續續這樣子七八年了，也都沒有問題，我們感情也更緊密了。後來這位好姊妹婚姻遇到了狀況，跟她老公離婚，她想不開曾經想自殺，也是我去勸導她走出來。經過我的相挺，她情況好一些了，過段日子又說太無聊，會胡思亂想，要我陪她去空大上課，我也陪她去上課。只要她開心，我就奉陪到底，這樣子無所不談的好姊妹，到最後竟然做出了一件不可原諒的事。

當年民國八十八年李登輝時代，很多製造業出走大陸，因為大陸當時祭出許多針對台商的優勢，很多中小企業都陸續前往中國投資，她自己也計畫退休後，跟朋友去中國大陸發展事業第二春。為了先打好商場關係，她起的會錢都借給了去中國開工廠的朋友。到底是投資，還是借貸，我倒不是很清楚，但這些錢就像打水漂般地石沉大海，所以她只好不斷地再招新會，續養她繳不起的舊會。我也不清楚她的情形到底如何，有幾次跟我借幾萬元當生活費，說是她沒算好，全借出去收更高利息了，搞到自己連生活費都沒有著落，要周轉一下。雖然自己的財務也頗為吃緊，我仍舊會

借她幾千塊應急。我常勸她起會拿去賺高利息不要太貪心，她也都說很保守。我想好姊妹也借不多，當然會資助一下姐妹，她在公司做人風評很好，又很資深，快三十年了，她說的話我也都相信，更不疑有他，直到她再也撐不下去，快倒會了，我還不知道。

她在倒會前夕，竟然又跑來央求我，要我跟朋友借六十萬給她周轉三天，三天之後她就會還我。當時我在朋友群中，人緣真的很好，所以我就真的替她跟朋友借了六十萬，誰曉得她拿走之後三天——那天是民國八十九年一月二十日——她倒會了。在她任職的那一間大公司，竟然倒了一千二百多萬的會錢。消息傳到我們公司，真把我給嚇傻了，但沒想到可怕的還在後頭。一查才知道，由她幫忙跟會同事的會員，每會名單高達七到十位會員，竟然全部都是她個人的人頭戶，都是假冒同事名字來跟的，難怪都說會幫我統合收好會錢再給我，我還為此很感動，我們交情那麼好，自然不疑有他。只怪我沒弄清楚她的財務狀況，更不知道這些會，都掛在她的名字底下，畢竟一個正常人，怎麼可能會跟這麼多會呢？她這一倒，代表我一個會三十個會員，她就跟了十個，佔了三分之一，好幾個會都這樣。這筆債一倒會已遠遠超出我能負荷、承擔的能力範圍，連帶著我也被拖累，一起跟著倒了。

本來二月初我打算去美國當好朋友結婚時伴娘的，這一倒也沒辦法去了。我告訴在美國德州的好朋友，通知我已沒有辦法去當伴娘的理由，是我被倒會了。好朋友她幫我規劃好，叫我依約去當她伴娘，之後跳機留在美國，告訴我說：「那不是妳倒的，妳也負責不了，扛不動。妳跑到美國來，我幫妳安排好一切。妳這麼會煮中國菜，中國餐廳的工作妳絕對能勝任，在美國生存絕不是問題。妳又漂亮才藝又好，美國很多華僑，再嫁個華僑拿到綠卡就好了，妳趕緊來。」我不是聖人，我也有想過這條路，所以我在知道倒會的第三天二十三號，就已辦好美簽，準備伺機而動。雖然把該準備的全都準備好了，但是看到兒子這麼小，前夫又屬於溝通不良型的，兒子因沒有我在身邊而變壞的可能性很大，加上自己的良心實在過不去，沒有辦法只為自己，這樣子就逃到美國去，最後我還是選擇面對這一切。

我在心中不斷地吶喊：我對妳這姊妹是這麼好，妳怎麼可以在要倒會之前，把我這位相挺的好朋友拉下水呢？難道妳沒想過妳離婚、自殺時，都是我出面拯救妳，陪妳走出來；妳怕無聊會胡思亂想，要我陪妳讀空大，我一口答應；妳沒錢生活費我借妳；妳一時欠錢時，都是我替妳周轉的；我實在沒辦法相信妳會把我拖下水，我內心深處仍期待妳也是受害者，我只是無意中被妳牽連，我多麼希望這不是事實。

人生總是迎風破浪，一一面對，再突破。

我結拜的好姊妹啊，我相信妳一定不是故意的，妳在哪裡，妳一定會給我一個交代的——我如此深信。被倒會之後，我好不容易聯繫上這位好姊妹，記得電話中我對她說：「妳要跑路沒關係，但前幾天妳借的六十萬，至少要給我一條借據！」她電話中沒有拒絕，並和我約在公司的停車場見面。當她見到我的時候，第一件事並不是道歉，而是當著我的面，撥電話給她的親弟弟。她的弟弟當時是某個警察局的小隊長，她當著我的面跟弟弟說：「我現在跟洪榛林在一起，如果一個小時之後沒回到家，你就直接去她的公司單位找人吧！」現場的我，驚訝地說不出話來，她怎麼敢在我的面前吐出這樣的話來。我當下崩潰了，當場流下眼淚，本來心中還懷抱一絲希望，期盼姊妹不是惡意倒會，但這一切，只是我一廂情願的想法，我顯然是被設局陷害。這真的就是和我情同姊妹的忘年之交的好友會做的事嗎？「妳怎麼可以這樣對我？妳怎麼可以這樣對我？妳還有良心嗎？」在我的內心不斷翻滾。那位好姊妹無意回答這些問題，便當著我的面騎著機車揚長而去，我無力阻止，借據當然也沒簽著。

我哭著落寞地走回辦公室，停車場的會面不歡而散後，約莫一個半小時左右，黑道小弟很快就到單位找上門來。一個黑道小弟加上好姊妹的弟弟闖進辦公室，準備強行把我押走，公司一位很照顧我的人事主管見狀上前阻止，結果被一併押走在單位大門口吆喝。雙方拉扯中有一位黑道兄弟直接掏出槍來頂著人事主管的額頭，一瞬間，我突然很想尋死，被倒會之後，我什麼都沒有了，只剩爛命一條，但主管是無辜的，他還有家庭、還有小孩要照顧，怎樣都不能牽連到他。我很有勇氣地跑上前擋在主管的面前，讓槍口對著我，並回答說：「我爛命一條，你就一槍斃了我，做人讓人欺負成這樣，看死了能不能當個鬼反過來欺負人。我做鬼也不會放過你姊姊的！」對方還故意問他姊姊在哪裡，我不知哪來的勇氣，對著那二個黑道一陣喝斥：「你姊好厲害，騙了錢就遠走高飛，我這個被拖累、被騙最慘的還被設計叫人拿槍來押人。你要怎樣就怎樣，趕快開槍打死我。我好想死，趕快開槍！我怎樣都無所謂了，但是不要動我主管，不關他的事！」後來公司同仁有人通報警察，這群黑道應該外面也有站崗裡應外合的人，或有什麼耳機通內線消息，在警察抵達前一刻，就馬上撤走了，我跟主管算是驚險獲救。

接著我就報案，在警察局訴說經過並做筆錄。沒過多久，警察好像接到電話，一下子又變得不太想做筆錄了。我意識到這是同行相挺，因為好姊妹有兩位弟弟，一個在台北縣當警察局的小隊長，一個是帶小弟來押我的黑道；我意識到，同樣是警局的人，有可能要吃案了。但那時的我，手無寸鐵之力，也無可奈何。還在警察局做筆錄的時候，我這個好姊妹的老爸，坐著計程車來警局找我，等我做完筆錄後步出警局，她老爸已在警局門口附近等我。她父親說：「我們一定會還錢！現在有一塊土地準備要變賣，賣了之後一定會優先把錢還給妳。」他告訴我土地已請人在處理了，叫我不用擔心，別人的錢他不一定還，但我的錢他一定會還我，請我高抬貴手放過他的女兒跟兒子，不然他們家唯一能夠賺錢的兩個被告進去關，兩個老的和一個孫子（她弟弟已離婚，小孩丟給兩老養）怎麼辦？我認識這姊妹這麼多年，當然跟她的父母親感情也很好，她家情況我也很清楚，她老父親當時七十三歲高齡，當下跪下來求我，放過他們倆，我哪承受得起呢，一下子就心軟了。我其實不想看到誰被抓去關，誰去關對我來講，也沒有什麼用途，只要這筆鉅額債務可以了結，讓我可以還給會員就好了。所以我就妥協答應她父親，沒告他兒子持槍恐嚇之罪，免得他丟了工作，但倒會官司就一定得打，因為事關我所有會員的權益，也避免被誤解我和她一起謀劃倒會，畢竟大家都知道我們感情很好。

強行押人的事件落幕之後，我感到絕望的並不是債務有多少，內心更過不去的是：遭受到這樣好朋友的背叛，讓我看透人心、看透人生，深覺得活得很累，活著沒啥意義。沒有親情，沒有愛情，也沒了友情，我到底為什麼活在人世間？我不斷向上天乞求，我好想死，好想一死了之，可不可以，可不可以成全我，我真不想活了……哭著睡著，醒了又哭。事情發生之後，直屬主管很擔心我。我的體重在不吃不喝也睡不著之下，短短十二天連瘦了六公斤多，像突然生病一樣恐怖。主管提醒我還有一個兒子要靠我，不要做傻事。當時兒子七歲左右，還小，我跟兒子的感情也很好，想到他，又想到了自己小時候沒媽照顧，心裡很是煎熬，我不能自私地只想到自己想死的決心，棄兒子於不顧。雖然我離婚了，但我在前夫家附近租房，就近照顧得到小孩，兒子早上上學和放學都是由我接送。我被拖累倒會後，沒能力租屋，拜託前夫樓中樓上面的套房別出租了，收留我搬回去住，讓我省去在外的房租費，也方便我帶小孩。前夫也怕我想不開會自殺，有小孩在身邊有些責任給我，也比較不會往壞處亂想，當然也一口答應。

不幸中的人幸倒是被倒會的前一年，我早和前夫離了婚。那時我和前夫

天有不測風雲，得接受每一段的風景。

是同公司但不同部門，為了低調，所以我們的離婚並沒有對外宣告，直到債主找上前夫時，我才透露我們已離婚，有事找我就好，不用去打擾他。還有人問我是不是知道要倒會了才離婚，真是荒謬啊！又不是我倒會，是別人倒會拖累到我扛不起才倒的，我怎麼可能在一年前就知道要倒會，知道就不會發生了。在前一年離婚後，只要是我名下的會錢，不管是標來家用或買房用，前夫一律撒手不管，因為他說分不清楚，所以全是我扛，我也一肩獨立承擔所有債務。但也因為離婚在先，才能不影響前夫的薪水，讓他無慮地負責小孩的學費，不至於牽連到前夫，影響到兒子的教育。

常想我到底上輩子做盡了什麼壞事，老天要這樣懲罰我……？從小沒有了父愛，經過二媽的開導，好壞都是自己的父親，漸漸的也才原諒了父親，一路上幫助娘家，幫助哥哥讀書、創業，也為了父債夫妻失和，從沒怨過。從小也沒有母愛，也不敢想什麼叫母愛，二媽真心的關愛就夠了，就當這樣叫母愛吧。放棄自己追逐的明星夢，只為了憧憬有溫暖家庭；背棄愛情，選擇了安全婚姻，最後依然離婚收場。失去了這一切，對朋友兩肋插刀，對好姊妹義氣相挺，最後也落得被拿槍恐嚇，還被拖累欠了一屁股的債，連友情也沒能得到，收場還這麼悽慘。

我前世到底幹盡了什麼壞事、今世要得到這麼多報應？我常在腦海

當年帶泰國團兼職當領隊時的我，年輕真好……

中不斷向老天吶喊，希望老天如果可以讓我如願，就讓我早點在意外當中死亡。所以當年的我，騎機車一定騎快車道，要騎就騎很快，這樣理賠機率比較高，除了不怕死之外，還有莫名的快感。因為當時意外險保得高，恨不得我可以在意外險理賠之後，得到一筆鉅款，一次把所有欠債一筆勾銷，這是我最喜歡的死法。

年輕時，因為自己喜歡旅遊，在被倒會之前，經常跟著便宜的團去東南亞旅遊，也因此結識了旅行社的總經理。他覺得我人緣很好，開朗又細心，很有感染力，希望可以在暑假時給我培訓兼職當領隊。所以在泰國團暑假缺領隊時，我為了多賺點錢，還在那間大公司任職時，就利用特休加週末假期，兼職幫忙帶團，當他們的領隊。一團出國二十個人，領隊一個人收二百元，二十人就四千元，五天的泰國團就有二萬元，六天的團就有二萬四千元。五～六天可賺這麼多，是我們上班族可遇不可求的好差事，不只去玩不用錢，還可賺錢，一兼兩顧，很符合我愛玩又想賺錢的個性，所以我在大公司的特休，幾乎都用在帶團上了，也一直在兼職做領隊。

因為一路上的坎坷，平常壓力太大，透過出國旅遊的方式，離開現有的環境，才能夠忘記台灣的一切。當飛機衝上雲霄的那一刻，我就想，死在空難中理賠也最多，不但能還清債務，也替娘家留一些，這種死法也很划得來。每當飛機徜徉在雲層上，我常幻想，自己躺在層層的白雲當中，如同回到仙界的雲端上。所以在我壓力大到無法再持續工作下去的時候，我都會找一個最便宜、只要幾千元的東南亞旅遊或帶團，出國去放空一下，再回來工作就有動力再往前走，這是我當時工作的唯一動力了。

當時跟旅行社的朋友頗為熟識，其中一位女老闆兼導遊和我背景類似，均是離婚育有一子。她公司的泰國團與大陸團，常常是我在幫忙帶團的，自然我們因為業務的關係，感情更好了。她知道我急需賺錢，有一天她請我去她們家吃飯，介紹一位A保險經紀人公司的副總給我認識，希望我可以兼職去做保險經紀人，多賺一份收入。

LINKING COFFEE
SPECIAL SELECTION
EXCELSO
CAFÉ
DE
COLOMBIA
35 Kg.
3 391 0052

生命中的貴人出現，一句話改變了我的一生

貴人可以是送魚給你吃（養你），或者是教你釣魚的技巧（教導傳承），更或者是指點你一句話（啟示），你懂了願意去實踐，就能改變你的一生。只是你聽得進去嗎？你願意傻傻地相信進而實踐嗎？當時我就是那個傻傻相信而去實踐的人。

這位副總跟我分享的觀念是「節流有限，開源無限」的理念，節流是指省錢有限，開源是指增加收入無限。「妳覺得自己能不能夠讓收入無上限呢？」無上限？現在是在玩大富翁遊戲嗎？怎麼可能收入無上限呢！——當時的我還不懂。他告訴我，大部分的人都用「收入－支出＝存下來」，但用這方法短時間還是沒有辦法把債務還完的時候，就不要再用這種想法去還債了，否則債還完了，人牛也沒了，並且錯過自己想過的人生。這種理念剛好符合我的想法。

他繼續說明：「利用多開源、收入無上限的工作，如果你的年收入是六十萬，你最多花一半存一半，也只有三十萬可以還債；如果你的收入是二百萬，你的生活費一樣是三十萬，你就可以還一百七十萬；如果你的收入是三百萬，你的生活縱使是花了二倍六十萬，你還有二百四十萬可還

債。這樣子你還債的速度是不是比較快，又可以過自己想要過的人生。」我聽了，覺得他在講天方夜譚，所以我也白目地回答他，問題是有什麼工作是我會做，又有辦法年收入二百萬到三百萬的，我才不相信哩！

副總說：「妳一定覺得年收三百萬是不可能的任務，但不要不相信，我就是這樣賺錢的，我的收入還超過三百萬以上呢！」並拿出他的薪水條，讓我眼見為憑。他說著「我相信妳也一定可以的！」再一次地給我信心，隨後向我展示了公司的退休產品，簡單演練一遍行銷時的訣竅。我聽完後，真的覺得還不錯，應該會有市場，也對未來廣大的退休市場有所助益，思考著：快速翻身，方向竟然不是先思考如何節流，而是反過來應該去思考怎樣開源無限才是更重要的！除了商品和一張嘴，我不需負擔其他的成本，這對我這一無所有的窮人來說，是一個無本的生意，值得一賭；只要專注在業務的開發和專業上的進修，能成交多少的客戶，就能有幾倍的收入。

副總強調：「依妳目前的處境，一來不需成本只投入時間，二來收入佣金高，三來單一商品很容易學，相信妳的聰明才智一定可以勝任的。」我聽了想，已經一屁股債的我，也沒啥可損失的，不妨就試試。人在發現自己一無所有之後，可能一蹶不振，也可能無所畏懼，我屬於後者，眼瞎不怕槍的人。「想都是問題，做才有答案」，先做了再說吧，遇到石頭再搬開就好了；總要先相信才有機會得到吧，如果不合適至少也試過了，不留遺憾。回想到過去放棄演員的夢想，現在也後悔了，這次不想再放棄去嘗試的機會，想想只要沒影響正職與領隊的兼職，再多兼一職，何嘗不可？但不敢想二百萬啦，只想多兼一職有五十萬就偷笑了，試試看也無妨。我願意相信，讓自己去拼看看，所以我又加一份兼職，當起保險經紀人，那時共有三職。結果才兼職做了半年，就賺進快六十萬的收入，等於是我在大公司的全年度薪水，這對我來說是多麼大的鼓舞，對自己的未來更有信心了。

沒想到副總的出現，竟然成為我人生翻轉中的第一個貴人，也是讓我勇敢地從內勤轉型到業務員、收入無上限的關鍵人物，我視他為一輩子的貴人感恩到如今。

被倒會之後，我繼續在大公司待了近一年多，因為我倒會的會員都是我們部門的內部同事，雖然每天上班都得承受同事們的異樣眼光，讓人非常痛苦，但為了讓同事安心，怕被同事懷疑是畏罪潛逃，也不敢提離職。直到有一天，人事部的主管找我中午去吃飯，跟我談公司目前內部雖沒對外公布，但正在推行滿十五年優退的策略，而我正好已滿十五年優退的條

件，並明白地透露出我的直屬主管，每年升遷的呼聲都最高，那種大公司升遷很競爭，但都有人拿我倒會的事情大做文章，把我直屬主管拉下來，所以希望我可以離職，讓他能升遷上去。我與直屬主管與人事主管三人感情很好，但我從不知道我直屬主管要升遷的時候，常因為我的拖累，而影響到他升不上去。主管他都不敢讓我知道，只想讓我能夠安全地在公司生活下去，還不讓人事主管讓我知道這件事。我當下淚流滿面，馬上答應人事主管離職的事。但這絕對不是潛逃，我會和會員溝通，只是不想辜負人，只是不想再拖累直屬主管。在人事主管的協助下，我安全拿到了一筆六十幾萬的優退金，剛好得以先償還替好姐妹跟朋友借的那筆六十萬。

那一年民國九十一年，而我一無所有地離開了那間大公司，孑然一身結束了十五年當製圖設計師的內勤工作，從此轉型從內勤到業務，正式勇敢跨足多項的業務人生。

上帝曾經說，「關了你一扇門，就會開了一道窗給你」，只是你相信了嗎？你抓住機會了嗎？你把他當貴人，還是因不信而錯過了呢？那都取決你的覺知，我凡事傻傻地相信，願意相信與選擇。願意去試看看。我需要錢，只要有賺錢的機會，我都不願意錯過；我願意去學習，我願意去研究，我願意去上課，就只為了多賺一些錢。「我要翻身，我要翻身，我一定要翻身」的聲音，一直在我的耳邊迴響，背負巨額債款的我，從此展開馬不停蹄的業務人生，那時追錢是我唯一的目標。

人生的提示：

每個人的出生都不盡相同，有人生來富貴，有人生來貧窮，有人天資聰穎，有人資質樸拙；唯有「時間」是公平的。每個人一天都只有二十四個小時，若想快速賺到錢，翻轉命運，有效地利用時間可能是唯一的途徑，「一萬小時定律」就是極具代表性的論述．只要累積一萬個小時的專業訓練，不管天賦高低，終將在其領域獲得成功。

成吉思汗開疆闢土的馬都選用蒙古馬，我騎的這匹正是如假包換的蒙古馬。想念在大草原奔馳的場景。臺灣首發考察蒙古團，很幸運的被我跟上了。

第七章：展開收入無上限、馬不停蹄的業務人生

當天使和魔鬼同時出現時，祂考驗的是你的抉擇——我會這麼說，是因為我離自殺曾經只是一步之遙。當被債務逼到走投無路時，我不只一次想要結束自己的生命。從小就沒有父母的關愛，長大又被最親密的朋友背叛，加上婚姻的觸礁，對這世上的人心有什麼好留戀的？最後真的是考慮兒子，多麼不希望兒子去體驗我兒時的經歷，那種對母親的愛恨交織，那種被拋棄、自我否定的怨恨，自己最能體會。當時兒子還小，他是我唯一虧欠的責任，這個本來不應該出生的孩子，卻在當下讓我轉念，打消了自殺的念頭，救了我一命，也成為我在當時，只能選擇面對債務，勇敢走下去的唯一理由，沒想到後面竟然伴隨著如此多的試煉。

八十九年倒會，當年年收入六十萬的我，就足足被倒了將近四百萬。我細算過，如果一直在那間大公司做配管製圖的內勤工作，仔細盤算，扣掉花用一半，剩一半用來還債，真要能還完，需要整整十五年左右。還完後，最後錢是別人的，自己也老了，結論：自己竟然為別人的錯誤，賠上了一輩子的人生。實在無法接受這樣的結果，所以冷靜地思考著，未來到底要怎麼走，做什麼工作，才能夠快速地賺到錢且還完債務，什麼工作可以讓我無本又有機會翻身，並能擁有自己想要過的人生，看來只有當業務

員一職了。

從大公司離職之後，為了快速賺錢，就想要貫徹「開源無限」的理念。本來就有兼職保險經紀人公司，那時A保險經紀公司內部也有些紛爭，當時的我也只做兼職，受訓很有限，如果當正職還不成氣候，少了一份最安定的大公司正職的薪水，讓我很沒有安全感。也因為不需朝九晚五被綁在內勤的工作，我秉持著兼職領隊的經驗，與我過去兼職的人脈，自己出來做旅行社。剛開始時是個人靠行大型旅行社，做起一人公司，校長兼打鐘的個人旅行社，我思考著出一團一個人頭利潤最多才賺五百元，而且至少得湊齊十六個人出團，才有一張FOC票——免費的領隊票，整團才不至於虧錢。雖然我在之前的公司待了十五年，卻什麼旅遊的人脈也沒有，想持續帶團出遊賺錢，簡直是痴人說夢。我告訴自己要冷靜思考，如果不可能靠自己找十六個人成就一團，那就要找十六個「牛頭」（旅行社術語，指的是發起人的意思）成就十六團，借力使力不費力。誰最有可能當發起人去揪團？我靈機一動，想到「里長不就是現成的人脈源頭嗎！」於是展開了陌生拜訪里長的行程，找里長配合，組一個三十二個人以上的團，拿到二張FOC票，讓里長去玩不用錢，還可以賺錢。我等於請了一個不用花錢的業務員來幫我做事，創造雙贏。對，就是用這樣的策略。策略一出，付諸行動，讓我在旅遊業打出一片江山。

雖說當時沒做過旅遊業務員的我，一屁股債等著我還，也沒有辦法想太多，只有一股腦兒去拜訪里長，拒絕就換下一位。我的個性很直接，也不會拐彎抹角，因為身兼好幾份工作，沒有太多時間經營很久才說明來意，所以我都直接詢問是否有配合帶里民出國旅遊的旅行社。如果沒有，我們可以來談談配合的方式；如果有或拒絕，我就找下一位。實際上，我真正找到願意配合的里長不過三、四個，和幾個公家單位，生意就好到帶不完了。事實證明，當時的理念是對的。發動里長找的里民，隨便出一團都是三四十個人以上，我只要負責開說明會的時候到場，其他都有里長幫忙收件。那時旅遊團流行跑中國桂林、上蘇杭的便宜團，里長一年都能湊上兩團，一次出團就是六天。我深知當時旅行社很競爭，我一定要做出讓別人無法比較的產品，才不會有競爭的對手，所有新開發的首團，我一定親力親為，沿途細心照顧里民的需求。當時走到桂林，遇到喜歡喝酒的團，我一定在晚上全程招待桂花酒，讓所有參加的團員喝到開心為止，加菜也加到他們喊停為止，里民都開心得不得了，回來口碑傳出去，下回我再揪團一下子就滿了。我帶過的團員，都像吃到嗎啡一樣，絕對不會跳團，還有里長沒有我帶不行的。沒想到不出多久，就做出我的口碑了。

勇於承擔沒做過的每一份工作

因為自己是個半途入行的人，很多旅遊的景點基本上我也沒去過，所以我得自己先下苦功做功課。我常跑書局研究沿途的景點與注意事項，再找尋景點的歷史典故，結合要去玩的地方，勾勒出很美的畫面，找出吸引人的賣點，製作出讓人看了行程後沒去會遺憾終身的廣告銷售傳單，所以文筆也很重要，幾乎看到我宣傳單的人，只要時間可以，幾乎抵抗不了我宣傳單的魅力。通常在文思泉湧、夜深人靜可以不受打擾的凌晨，都是我撰寫廣告文字的時間。

而我自己很喜歡中國大陸的自然風光，當時大陸旅遊剛興起，很多地方我也沒去過，想想這真是個可以賺錢又可以讓客人出錢帶我去玩的行業真好。在工作與興趣當中又結合賺錢，雖然辛苦，但是做得很開心，我慶幸找到了份雙贏的行業。

做旅行社的時候發生過一件值得一提的意外。有一天騎機車要送護照去給客人，被一個老業務騎機車從後面撞倒了我，我沒想到，那一撞我的右手竟然被機車壓到了。當時的我因為很忙又很急，也不會覺得手會痛只是抬不起來而已，認為應該沒事，也不知道要叫警察，還好朋友幫我報了警，也趕了過來，附近也剛好有外科醫院，想入醫院檢查沒事就好。醫生看我沒有痛苦的感覺，還不斷聯絡事情，想必右手應該沒事，沒想到當我

事情連絡完了之後去照X光，院方扳動右手時才尖叫痛哭。這時X光片出來才發現，我的右手斷了，另外手指頭跟手掌都裂傷。連醫生都跌破眼鏡，跟我朋友說，沒看到一個女人斷了手，還有辦法如此堅定的談生意。醫生告訴我要馬上打石膏，我問可以不打嗎，醫生回答說：「妳現在是告訴我，準備臨盆的孕婦，小孩可以不要生嗎？」我又問，打了石膏十四天後，我可以帶團出國嗎？機票已開，我不能賠錢。醫生說只要我願意把石膏打上去，他就有辦法讓我去帶團。臉上的淚水還未乾，但我終於笑了，這時才發現醫生——喔，很帥！帥醫說，「你乖乖打上石膏，不用擔心，我就讓你出團」，我才妥協去把石膏打上。

人的毅力真的很強，打了石膏沒幾天小指頭都是瘀青的，明明左手就是智障，什麼都不會，結果在短短七天的忙碌中，練就了左手吃飯、左手寫字，從寫得看不懂到看得懂，不到七天也已從無法拿筷子吃飯到可以夾。當時一個月出三團，出團前夕，每天繁忙的事務只有我一人包辦（因為是一人公司），而且也只有左手可用，自然被逼到潛力無窮。想想人的毅力有多重要，想要賺錢的動力有多重要，不可能的都成真了。

我記得很清楚，那一場車禍後不到十四天便是十月份旺季，我出三團都是高價團，第一團中越祕境九天三十八人，第二團北京六天四十二人，第三團絲路天池之旅十四天共十七人，連著三團機票全都開了，我根本賠不起。三團的發起人，都不願意讓我換領隊，堅持要我帶。當時的我，沒辦法換穿胸罩，一定要有人幫我穿胸罩、幫忙我拿行李，沿途都要有人協助我，沒想到這三團中有二團里長團、一團台北公家機構的團，竟然都願意找人協助我，可見我當時的魅力有多好了吧。

出團的前夕，我實在沒有辦法背著這麼沉重的石膏手臂帶團，手指頭也都黑了，想想一定要想辦法把這個石膏拿下來，結果我去基隆找里長交代出團的特別事項時，就順路跑到基隆火車站前的一間外科醫院。我騙醫生說我這個石膏已經打上一個月了，手指頭都黑了，可不可以幫我重打一個半罩的石膏就好。當時醫生說先打開照X光再決定，我說好，等鋸完了石膏，還沒照X光片，我就逃了，去藥房買條三巾角掛在脖子上，三天後我就帶團去了。當下只覺得先不能賠錢，把錢賺到手，以後的事情以後再說了。

前面兩團沒有太大問題，走到第三團絲路十四天，當時台灣還沒有直飛，得到香港轉機飛烏魯木齊，一下飛機，當地地陪見了我，直呼：「什麼，你是洪小姐？妳長得這麼驕小又可愛，還斷一隻手，全團還都是老人，竟然敢來帶絲路，還給我上天池，十四天的行程，妳瘋了！」因為絲路我也是第一次走行程，沒來過絲綢之路，所以我很好奇地問地陪為什麼（當然是私下問的），他說：「這個行程比較偏僻，沿途沒有什麼村莊跟人煙，遊覽車也走得很少，途中有可能會遇上土匪搶劫，可愛型的、嬌小型的領隊，除了沒有安全感之外，還有可能會為團員增加麻煩，會被土匪看上擄走，徒增我們當地地陪危險性。此外，帶這行程還要有副好體力才有辦法，因為很辛苦很累，沿途也會有些風險，所以這趟行程大部分都排十二天，就很極限了，很少排上十四天，還上天池的。而且大部分的台灣領隊，帶這個行程的，通常會是魁梧有力的男生，或者是看起來像男生、長得也很魁梧的女性，不會有妳這種型出現在這一條路線。況且妳還綁著三角巾，斷一隻手。妳太勇敢了吧！」一下了飛機，當地的地陪就給我上了一堂教育課，我想「既來之，則安之」，我相信我的菩薩會保佑我的，當下只想安全地把團走完，不能賠錢。

怎奈狀況又出現了。當天大約晚上十一點左右，地陪打電話告訴我說祁連山上下了暴風雪，叫我看電視報導，並說隔天行程過不了祁連山了。我問如果沒有拉車上去的話，有什麼可以替代的交通工具，他說沒有別的辦法只有拉車上去一途。我心想，後面的行程、住宿、餐廳都已經訂好了，我不能賠錢，我賠不起。當下整晚我幾乎擔心得都沒睡，那一夜我為

2001年10月24日，當年台北公家機關出一團去中越祕境——德天大瀑布。

月牙泉，形狀彎曲如新月，有「沙漠第一泉」之稱。

絲綢之旅，騎著駱駝走進敦煌八景之一。

我的團誦經祈福，祈求菩薩保佑隔天祁連山風和日麗，讓我的團能夠平安過祁連山就好。想想自己斷手還辛苦地帶團，只為還債，自己也沒能好好享受，難過得哭著睡去。菩薩好像聽到了我的禱告跟祈求，給了我一個意外的驚喜。早上七點地陪來了電話，告訴我一個大好消息——奇蹟出現了，祁連山上出現了大太陽，我們可以安全上去沒有問題了。我好開心，知道菩薩顯靈了，來幫我了，我如此深信。一路上都很順利地遊走行程，火焰山、葡萄溝連騎駱駝遊月牙泉的行程也均能如願以償。直到結束沙漠行程，離開時要搭夜間十一點四十分的臥舖火車，睡到蘭州剛好早晨。火車站擠滿了人，有一同行旅行社領隊，真是長得像男人的女領隊來找我，說全火車臥舖全滿了，只剩這兩床給我們倆，一床是跟三個帥哥香港領隊同一室，只有我是女的，另一床和一對出團前車禍的夫妻，加一個男的旅客，二男加我二女同一室，並同時指向那對夫妻坐的位置。只看到老公是拿著拐杖右腿上了石膏坐在椅子上，沒看到老婆。我心想出門在外還斷一隻手，我跟這魁梧的女領隊比起來，算比較危險的，三個香港帥哥還是留給她享用吧！我還是跟別團的客人住在同一間房好了，一個斷腳睡下舖，我斷手還有一個下舖可睡，所以我就選擇和車禍的夫妻同一室。火車臥舖，總共有上下單床兩個，左右各一，四人一室；沒想到火車來了，我忙著幫團友找到房間並安頓好行李，之後才開始尋找我車票的房間，當我走進房間的時候，發現斷腳的老公確實在下鋪，但是他那一隻眼包著紗布的老婆也躺在下鋪了，只留一個上鋪給我。我看了傻眼，因為我根本爬不上上鋪啊！那時火車並沒有樓梯，只有一個踏板，靠著雙手爬上去，因為是別團的客人也不清楚我的狀況，晚上十一點四十分的火車，到站找到位置再梳洗完上床，大家也都很晚很累了，都在睡了。我是領隊，不好吵醒不是同團的客人，只好拿著盥洗用具到廁所盥洗，想到自己的遭遇，不由自主地坐在火車的馬桶上哭了起來。哭也沒有用，擦乾眼淚明天依然要面對，嗯，一定要想辦法爬上上鋪，已經凌晨二點多了，要保持好體力，明天一大早還要帶團服務各位團友呢。我只好把三角巾拿下來，想辦法爬上去，爬了好幾次忍著痛總算也上去了，等到天亮再從上面跳下來，這樣又過了一關。

好不容易上了天池遊了湖，看了當地才有的特殊品種犛牛很是吃驚特別，不虛此行，回程走到參觀一座廟，機靈的我，懷疑起現場可能有兩位扒手喬裝成散客，混入我們的團中。當地的地陪是不敢得罪當地扒手的，因為他們每天都在那裡進出，會被報復，所以也不會告訴你，都睜一隻眼閉一隻眼，遊客也只會來一次，萬一被扒也只得認賠而已，通常都是這樣子就帶過了。我心想如果只有我這一個弱小的女子，如何應付兩個扒手？

看得出當年滿心創傷的女領隊，扮起新疆姑娘。
燦爛的笑容，也頗有看頭吧！

我如何鎖住兩個扒手不對我這一團下手？我靈機一動，趕緊不動聲色地快速閃到里長身旁，並告知哪兩位有可能是扒手，請里長默默叮嚀每位里民扒手已在身邊，確定每人的包包往前放、手不離包。由里長通知整團的人，我則去跟在一位扒手身旁，另外眼睛盯著另外一個扒手，那我就可以一個人盯住二個扒手了。沒想到一個斷手的女領隊，依然可以保護整團老弱殘兵的里民，安全地度過了這一個扒手的危機，全團沒人損失地度過每一個意外。一路上這團很多災難都能平安閃過，我相信應該是菩薩一路上的保佑。

當別人旅行社的出團量都做不起來的時候，我光與三個里長和二個公家單位合作，再加上轉介的團，就多到帶不完了。當時公司的東南亞團，我都指派別的領隊出團，我自已只帶大陸團，出國一趟六天，利潤至少七八萬起跳。離職大公司前，我給自已的目標是每月如果能賺進十五萬，我就可提早還債並可規劃自已的人生，當旅行業這塊操作穩定時，我的年收入早就已經突破一百五十萬元了。所有參加過我操作團的里長、里民或轉介的公家機關，都不知道我只是個一人公司，還身兼多職，竟然可以做得讓大夥兒都滿意開心。

做旅行社三年下來，帶過上千人次，免不了有千奇百怪的遭遇。有次

遇到團長是個台北菜市場的主委，大約七十幾歲了，共分二次出團，每次二部遊覽車，人難搞，又堅持二趟都要去。除了成本之外，重要的是他的脾氣沒領隊願意帶，我一人也無法帶二部車。當然，我為了五斗米必要折腰。這位七十歲的主委患有高血壓，到了該吃藥的時間就開始折騰人。

早期大陸只有茶，沒有提供白開水，三餐我要特別去要白開水，再要冰塊，我要來回調整幾次水溫，再親自送上去孝敬他，他還會抱怨送來的開水溫度不對，不然就是說他飯還沒吃完，送來的時間不對，仗著自己是主委就百般折騰人，我並不否定顧客至上的服務原則，但也要合乎情理。也因為處於這樣的環境讓我磨練出超乎常人的忍耐力。

剛開始帶團的時候，什麼事都得自己來，畢竟整間公司就我一個員工，從安排行程到廣告宣傳都得親力親為，出團時還要兼任領隊。因為要時常觀察遊客，除了確保旅途的安全之外，還要注意團員的臉色反應，對察言觀色的功力更形純熟了；還有哪些行程跑下來大家最開心，反覆調整之後讓下批旅客能得到更好的服務。這些磨練間接提升了我的應對能力與識人的功夫，在面對不同問題時能迅速調頻。這或許是經營旅行社三年下來最大的收穫。環境可以造就人的一切，就看你願不願意去改變、成長，讓自己即使身處惡劣的環境，依然可以破繭而出。

窮怕了，腦袋在找錢上就特別靈光。想賺錢不是想想而已，還要耳聽四面、眼觀八方，長袖善舞，廣結人脈。如何將此運用到極限，前提當然是雙贏的觀念，千萬不要怕別人賺，里長可以配合兩樣，就不要只配合一樣。什麼意思呢？接下來我要講的，就是最佳的實例。

在我跟里長合作談出國旅遊團的細節時，尤其在過年前，就常常在他們辦事處的白板上看見白包、紅包的日期備註。心想里長的薪水沒多少，當年關將近，還要負擔這些禮金，應該也挺吃緊的，念頭一上來，馬上就連結到有認識報關行的老闆，可以批酒給里長，合作一起賣酒，讓彼此都能賺點外快，兩邊都獲利，里長應該不會拒絕吧？所以我直接問里長：「如果我可以讓你包紅白包不必花上自己的薪水，你說好不好？」里長當然會說好。當時窮光蛋的我，唯一的目標就是要賺錢，只要是我有機會能做的、能賺的，我都不會放過。

當時，我配合的里長三個都在基隆，婚喪喜慶的場合很少辦在餐廳，比較常見的是請外燴料理的流水席，席桌都會擺上一瓶洋酒，只是那些酒都沒有我批進來的便宜。所以我請里長在里民來發放紅白包時，順口問一下里民，辦桌時需不需要酒，如果要的話直接跟里長的朋友拿比較便宜。里長接單之後，就由我這邊出貨，賺的錢我們平分，這些錢拿來包禮金，

絕對綽綽有餘。有了里長牽線之後，我只要打電話下單訂貨就好。當我要去拜訪里長的時候，再去酒商的倉庫載貨，來到了里長家，里長會幫我把酒一箱一箱搬下去，所以縱使我只是個女人，依舊可以做到載貨與送貨。順便再談旅遊的事業，達到「一兼二顧，摸蛤兼洗褲」。

台灣九〇年代初期那一陣子很流行喝董公酒、烏龍茶酒、XO等，進口酒都很便宜。我認識一個從事報關行的老闆朋友，這些酒，我透過報關行老闆跟進口商的交情，都可用較低的價格批入手。這些進口酒在通過海關時，都要開瓶檢驗，老闆朋友都會備幾支不同品牌的酒讓我試喝，親自鑑定有哪幾支酒的口感比較順口好入喉，才會下量，然後再以箱為單位，跟報關行的老闆朋友批貨。就這樣我又成功地多了一份兼職的收入，也成功地和里長再一次共創雙贏的業務。

我始終沒有忘記自己人生的夢想之一，就是要擁有兩棟房，為此當然一定要接觸房仲業，我透過哥哥的好朋友所經營的房仲公司在台北的石牌店，有保證底薪一萬八。也為了要維持有基本收入，不要都是不定期的業務薪水，因為每月有旅行業靠行的桌費，有底薪以確保房租、水電費能準時繳納，所以我白天再增加了在房屋仲介公司的工作。

我明白地告訴老闆：「我只是兼職，不要管我上班去哪裡，你要的業績我做得出來，這樣就好，可以嗎？我想先說清楚，不想騙你。」老闆跟我面談過，覺得可以接受，叫我隔日到石牌捷運站店找店長報到。報到的時候，我也直接把相同的話告訴店長。記得我才去房仲報到差不多十天左右，我就請假參加了美國MDRT的年會十三天，代表當時我在另一份兼職──保險界也很優秀。

我每天九點在房仲公司打卡上班，開個短暫會議，結束後就騎機車衝去保險經紀人公司，續參加保險公司早上十點開的早會，約莫十一點多忙完報件或行政事務結束之後，再衝回房仲公司專心跑房仲的業務，晚上再去賣保險或拉旅遊團加賣酒。拜訪完客戶回到家到凌晨二點之間的時間，是我處理旅行社與保險業務的行政時間。我身兼四職長達三年，唯有犧牲睡眠時間，才能掙出那僅存的時間，來做一些旅行社的文宣廣告與保險的行政工作。我不經意地看到一本書，那本書講到希特勒每天只有花四個小時睡眠，依然能把白天所有的事情都做好。我於是跟我的大腦展開溝通，說也奇怪，我的大腦也慢慢地接受。把我的睡眠移到凌晨二點睡覺，七點起床才足以能夠滿足我每天的工作量，只有睡五個小時，我就能夠有充足的睡眠，好讓我把白天來不及做的事情，依然能夠在凌晨時做完。一直到現在，我都深信跟大腦潛意識溝通是多麼重要的一件事，在我的腦海裡也一直存在「沒有做不到，只有要不要」的座右銘，一直延續到現在。

記得身兼四職的我，白天時間努力地賣房，當時房仲公司在天母、石牌各有一間店，業務員將近三十人，我在房仲公司年度頒獎時，還能排名第九名，所以老闆和店長也沒敢太多苛求。感恩他們的知遇之恩，讓我在踏入房仲界時得到許多知識與溫暖。

當時身兼四職的我，和里長聊天時，里長有時會笑著問我：「妳到底做幾份工作？」我回答：「我只說一次，你記得，我就請你吃飯。」只見我琅琅上口：

「理財是我的專業；
旅遊是我的興趣；
賣酒是我的下午茶；
不動產是我的最愛。」

理財：指的是保險經紀人，我只做退休規劃的產品，意外、醫療等保障型的都捨棄不做，就只把一項做到專業、專精就好。這項是我收入頗高的行業。

旅遊：當然是興趣，因為本性愛玩。既可賺錢，又可規劃自己想去玩的地方，再組團讓客戶帶我去，開心賺錢又結合興趣。

賣酒：這酒錢來得如此輕鬆，在這幾項收入中，也屬賺最少的，只夠喝下午茶的茶資，所以我說賣酒是我的下午茶。

不動產：當然是我的最愛。當時的時機也蠻好的，我在保險經紀人公司存下第一桶金之後，就大膽地當起了投資客，連設計包裝、佈置都自己來，甚至有專人幫我法拍房子。在不動產中，我也獲利頗豐，不只兩間房的夢想早就實現，還超越了好幾倍，從此翻身。

很多好朋友好奇地問我，到底怎麼撐過那段時間的，我回答根本沒有時間可以想，每天都被一「拖拉庫」的事追著跑，一天追著一天就過了。

我腦海中的信念都是「**想都是問題，做才有答案**」的理念，一直到現在，都還是我的口頭禪。

把每一件不可能，都能奇蹟式地完成，成了我的終極目標。

正當旅遊業的經營穩定發展，蒸蒸日上時，二〇〇三年爆發SARS疫情，全台籠罩在疫情的最高峰之下，強烈衝擊台灣的經濟發展，影響所及如航空、旅遊、餐飲、零售等產業的生意都一落千丈。其中航空公司的飛行架次取消五成以上，損失高達新台幣百億之多。當時身兼四職的我特別有感，那時旅遊業景氣慘澹不說，沒人敢出來看房，連房地產也受到波及，當時旅遊業還有人賣起當時盛行的甜甜圈撐一下生活。這時我冷靜思考，將事業重心轉向保險經紀公司專做退休規劃這一塊。

第八章：進入B保經公司，展翅高飛

早期還在大公司任職時，兼職的A保險經紀人公司，因為老闆的不當投資，曾二度延遲發放員工的薪水，讓員工產生了疑慮，深深覺得沒有安全感。這時的我，就和幾個同事轉到C保險經紀人公司做兼職，也因為此公司沒有充足的商品訓練，只好自己把經紀人公司的眾多商品契約書帶回家自行鑽研，研究有無商機，哪些產品結合後是客戶想要的，又有不錯的增長率。最後我將一張二十年期貿數領的保單和另一張六年期到期全領的保單，結合成套餐來銷售，沒想到竟然也狂銷，結果讓鮮少進C保經公司的我，只研究商品契約書，就可以把業績銷售到C保經公司前三名。這證明即便公司缺乏訓練，只要你願意花時間鑽研，一樣能創新變通。所謂「時間花在哪裡，成就就在哪裡」，真的一點也沒錯。

後來得知老東家A保險經紀人公司裡的一批菁英業務員，為了保障工作的未來與對客戶的承諾，一群堅強的菁英陣容，跳出來自立門戶，新創立了B保經公司。這時我被B保經公司的教育訓練、學習的舞台吸引，遂被一名處經理介紹進了B保經公司。

剛進B保經公司時，我還同步經營其他副業，並不算全心投入，但有

個東西吸引著我的注目，就是晉升MDRT後，才能穿上公司訂做的那套制服。MDRT（Million Dollar Round Table）是百萬美元圓桌會議的簡稱，為全球壽險理財專業人士的最高組織。這個會員資格是國際公認超過70個國家的人壽保險卓越的標準。我是鄉下地方長大的孩子，對量身訂做的服飾懷抱無限憧憬，那一身制服散發著某種品味與身分地位的專業度。除此之外，那些得到MDRT認證的業務員，看起來氣勢就是與眾不同，無論神情、姿態和談吐都展現出眾的魅力。我也想成為那樣頂尖的保險業務員，我單純問主管，如果我想穿那套制服要做多少業績，主管說「二十年期四百四十萬，妳要的一切全部擁有」。

簡單地想要穿那一套制服，成就一切夢想

沒想到就這麼簡單的需求，可以成就一切。回家後，凌晨一直是我思考的時間，就像過去一樣，面對目標時，我會冷靜地思考達標的方法。我聯想到互助會的概念，可否結合保單一起來銷售呢，我從二十幾歲開始當會頭，這是我最熟悉的金流模式。如果把保費換算成互助會的會費，每人每月交兩萬來算，一年下來就有二十四萬，要湊齊四百多萬，只要能找到十八個客戶願意每月交兩萬，一年繳二十四萬，就能達標。方法出爐之後，馬上行動，於是我列出名單，不斷拜訪。之前在大公司倒會，是

因為有人惡意捲款，在那之前，我一直都是公司的大會頭，同事對我的印象、信任度也很好，所以我就用互助會的概念，跟他們行銷，只是把會頭改成不會倒的保險公司，也比個人會頭有保障得多，把三年多會期結束再繼續跟會的理念直接延伸到二十年。在會期結束後，再連跟六次會，就大約二十年了，所以同樣的概念，一個月交兩萬，其實和標會沒有什麼不同，但買了保單之後，未來退休後所領的退休金能更明確。我花了大約兩個月的時間，一共成交了二十位客戶，在我還沒真正搞清楚MDRT代表的意義之前，即獲得了美國MDRT壽險界最高榮譽會員的殊榮。再次證明，「沒有不可能，只有做不做」。

原來除了穿上那一套制服之外，背後居然還有許多獎勵，這是我先前不知道的。原來主管後面的那一句「妳要的一切全部擁有」是有伏筆的，只是當時我沒再問下去。後來才知道原來這間公司只要達到MDRT，一切的獎勵全部到位，

2004年穿著MDRT制服，第一次參加美國MDRT年會

捷克、維也納、布拉格，我來了！

連世界華人龍獎也到位，包括上半年度的公司旅遊都是免費的，那一年公司可以送我到美國拉斯維加斯參加美國MDRT年度盛會，順遊美西大峽谷、影城，一連串的旅遊，我竟然都不用付錢。從小就喜歡玩，但沒什麼機會可以玩到歐美，長大後，能力所及的都只是東南亞與大陸，沒想到這間公司大氣到能免費遊歐美，環遊世界的夢想可以在這間公司成真。愛玩的我，更喜歡不用付錢就出國的旅遊，我做旅行社就是這種概念，去玩不用錢，還可以賺錢。但那種玩法壓力太大，遇到好客人還好，遇到不好的客人，講難聽一點，我不過是出去侍奉老爺的小侍女，雖說有可接受的附加價值可賺到錢，但很辛苦，背負的責任壓力也很大。但在B保經公司我反過來是先賺到錢之後，就可以去歐美國家玩不用錢，身分也反過來不是當小侍女而是當老爺，環遊世界不用錢，公司送你去——天啊，這太好了吧，哈哈！進了這公司，我的人生目標除了兩間房之外，又多了一項，就是讓這間公司帶著我去環遊世界，讓我的夢想成真。這證明單純的人有福，只不過是想穿那一套制服也能成就一切的願望。

突然好感恩當時引領我跨入保經業的副總，讓我有機會成為超級業務員，又完成人生的兩大夢想——擁有超過兩間房，並且環遊世界。但是反觀讀者的你或妳，假設相同的情境出現在你的眼前，有一個人告訴你「節流有限，開源無限」，目標應該把開源放大，你會因為一句話，去改變一生嗎？還是只是聽聽就算了？想必，大部分的人只是聽聽而已。總想著「他是騙人的」、「他做得到不代表我也做得到」、「唉！我沒辦法」、「我沒人脈，我做不到」、「我不聰明」、「我沒時間」、「我家人會反對」、「我不做保險」……沒完沒了的藉口，看到這裡有沒有覺得我列的很貼切？總是不斷搬一堆石頭，擺在自己的腳前，跨不出去，這就是百分之八十以上大部分人抱持的想法，難怪容易成功的，就是那百分之二十的人。是不是證明「想都是問題，做才有答案」，遇到問題先解決，解決完

了再前進，否則你站在原地想破頭，也還在原地。而我想要做的目標是成為那百分之二十裡頂尖的百分之三，所以人的思維不一樣成就不同人生。

民國九十二年底，一個不是壽險界的新進人員，居然只花了兩個月就晉身MDRT這個壽險界的最高榮譽殿堂，簡直是不可能的任務！我的表現轟動整間公司，當時公司全台，北、中、南共有八個分據點，員工好幾百人，馬上就有人要找我去演講，但我根本擠不出時間。他們只看到風光的那一面，不知道私底下得花多少功夫才能成功達標。我對工作的思考其實很單純，只要我設定好目標，無論如何都會想盡辦法去達成。不停鑽研商品的優勢，研究為什麼要買這份保單，每天熬夜到一兩點，把所有一定要擁有的因素和數據資料，都鑽研好，並記起來，再用錄音機反覆演練，檢視自己推銷時的口語表達，邊聽邊修正，直到我認為再難搞的客戶，也能被我說服，才去拜訪。若你自己都無法說服自己保單的優勢，若自己還沒有研究準備好，就不要去殘害你的客戶了，這是我的行銷理念。

第一次達成MDRT是在民國九十二年底，年節前夕，當月領到的薪水，著實讓我嚇了一跳，雖然知道公司會計對薪水、獎金的審核非常仔細，但是還是被這巨額數字的薪水給嚇著了，拿著薪水條，跑進廁所裡反覆的確認。是公司算錯薪水嗎？找誰求證一下呢？如果算錯，我拿去還債被追討，怎麼辦？所以這筆錢我不敢動用？快過年了大家很忙，無法和主管一起挪出空檔，來研究薪水的算法。

2004年在美國參加MDRT年會時遊影城和夜魔俠合影。

過完年節之後，我在每天忙碌的生活中，等著公司會計來要回算錯的錢，然而過了一個禮拜，都沒動靜，我決定要搞清楚，自己跑去跟主管確認。但主管反而向我解釋一堆複雜的公司制度，我聽完仍是一頭霧水。我直白地回答：「你說這麼多，我還是聽不懂。你只要告訴我，照我上月業績來計算，我可以領多少薪水就好。」主管細算了一會兒，講出的數字符合我領的金額，我這會才安下心來，原來戶頭裡每分錢都是我掙來的。縱使我身兼四職，加起來都沒辦法兩個月就有如此的賺錢速度。這樣的興奮，維持了好幾天，既然努力能收到相對應的回饋，那怎麼能不拚命做下去呢？這時候我心中響起了「成功貴在速度」，這句名言，是我從B保經H副總那兒聽到的；如果我要快速翻身，賺錢的速度就要加快，這份領悟開始深植我心。我開始盤算著每年目標要開始提高。

重新調整工作計畫之後，我首先放掉了正值不景氣的旅遊業生意。經營旅行社幾年之後，常跑的行程已沒有新鮮感，我兼任老闆、業務行銷、商品路線規劃再加上領隊，全公司的運作全是我一手包辦，每次出國五天回來至少要瘦個兩公斤。因為責任心很強，帶的客層又都是中老年人，除了服務品質之外，還要擔心團員的身體健康，上了年紀的人出國，如果飲食不適應還好辦，最怕的是水土不服、感冒、跌倒摔傷或慢性病發。一趟行程跑下來壓力很大，總要到把旅客帶回桃園機場的那一刻，才能把重擔放下，回到家時常癱倒在沙發一動也不想動了。也剛好SARS疫情的肆虐，影響了旅遊業，大家都不敢出門，房地產市場也不太好，我的四職就影響了三職，索性就全力以赴在B保險經紀人公司不斷上課精進，利用保單做退休規劃。

由於我在旅遊業的帶團經驗中，學會了隨機應變的思維，也用在保險銷售上。前面提過，因為當時還在打倒會的官司，判決還沒下來，不確定我會不會受到牽連，為了避免戶頭現金資產曝光被凍結，不能把薪水全部存進會曝光的銀行，想想我得重新配置資產才是，於是我賺到的現金，只留下生活費與必要開支，其餘全繳入保單做退休規劃，並可隱藏資金免得曝光。

進了B保經公司學了很多超前部署的觀念，顛覆了我的思維。我發現上班族都把錢放在銀行做定存，讓銀行把你定存的錢，去利放款給中小企業老闆貸款去創業或投資，讓富人創造更多的財富，所以有錢人更有錢，當時正值M型社會的來臨，貧富差距越來越大。雖然我不是中小企業的老闆也不是富人，但是我學到了有錢人的貸款理論，「懂得搬銀行的錢來賺錢，花些利息也划得來」的槓桿理論。如何借力使力賺更多錢的原理，成為我翻身的重點之一。

我在這間公司，願意花錢投資自己的腦袋，上了非常多的課程，我也從窮腦袋變成富腦袋，我這才發現，窮人為什麼更窮，因為他們節省到什麼都不想花，他們只往節流的方向省，他們捨不得花錢投資自己的腦袋。所謂「先有觀念，才有行為，才能造就結果」，如果連開啟腦袋的那支鑰匙的錢，都捨不得花，怎麼能擁有富人的觀念呢？怎麼會有富人的結果呢？所以窮人想要翻身只有一途，記得要花錢投資自己的腦袋，讓你擁有富人的思維必能翻身，我可以，相信你也可以的。我就是一個最好的實例。

有了致富觀念之後，想想我如何運用這觀念呢？我沒有工廠，沒

有開公司，沒有事業體，那我有什麼東西可以結合富人的觀念進而致富，或從這觀念中得利呢？又該怎麼運用呢？想想我只有保單。如何把保單結合我另一份兼職的不動產，這就是我兩份事業的連結。一如往常地於凌晨思考研發，一套運用保單的現金價值結合房地產，一筆錢當二筆用，甚至當三筆用的理論就出爐了。

雖然我沒有公司、工廠當資產跟銀行貸款，但是將我的眾多保單聚集在一起，就擁有與一間公司、工廠的資產同等的現金價值。我無法跟銀行借貸，但我可以跟保險公司貸我保單的現金價值，一樣用套利的方式，來投資房地產，獲利後再還保單的借款。跟銀行貸款還會被鎖住年限，不得還清塗銷，跟保險公司借貸，不會被綁住短期不能還，投資三個月，就付三個月的利息，利息算到當日，今天貸明天撥款，比銀行還容易活用，只是利息比銀行高，但無所謂，如果我的投資都可確定獲利超過利息，就不在乎利息。成功研發了一套不動產結合保單的完美投資模式，我就自己當白老鼠試驗看看可不可行。

「一筆錢當兩筆用」變成我的投資起手式。首先就是所有賺的錢扣除開銷，大部分現金都繳入保單裡，除了現賺一手業績佣金之外，節省成本之餘，創造業績還能拿公司旅遊獎勵與公司的無償配股票。再者可以靈活

選擇保單，來規劃自己未來的退休生活，確保自己辛苦的一生，退休生活費無虞。正因為我還兼做房地產，如果需要買屋或法拍屋要投標，就把錢借出來轉投資，把錢的槓桿運用極大化。雖說保單貸款要付百分之三到百分之五的利息，但我所投資的房地產至少都有百分之三十三到百分之七十的利潤（前提是房地產都要賺），最保守的估計至少都有百分之三十三的利潤。別人看到的是害怕付的「利息」，我看到的是「利潤」；大部分人只想要利潤又不願付利息，這就是眼光的不同。如果沒有借力使力，我沒有大筆資金又沒有金主可靠，就沒有辦法做大槓桿，也沒有辦法快速地翻身致富。

進入B保經之後，我兼做房屋投資客，用了前述的理財方法，年收入一直都是好幾百萬起跳，對金錢的追求已變本能。我有配合專人幫我標法拍屋，也有仲介朋友，幫我找可以投資的房子。當時還是有BB Call的時代，代標的業務會傳看房拍屋地址的訊息，通常我就在業務空檔之間，抽空去看房。因為只投資熟悉的區域，通常不會花太多時間，就可決定是否具投資價值。看法拍屋地點的時間，最常在晚上十一點過後得觀察晚上是否有點燈，點燈表示有「海蟑螂」住在裡面，這些強占法拍屋以求牟利的人很難趕走，最好別標來自找麻煩。因為裡面視同全毀，只要瀏覽外觀即可，檢查有沒有風水路沖、風煞、壁刀和剪刀煞，以及外格局有沒有問題，因為外格局不能改，比裡面更重要。看過房子外觀與地點樓層等，就可決定要不要開價，其他的就請人代標，我只負責看房，大家各司其職。

房子一旦標下來，或看見可投資的房子，我都自己帶著助理，親自去量室內尺寸，因在前公司常常要畫管線圖，所以看得懂水電配管，也畫過模具圖，所以對平面圖也是有概念的。運用之前所學的，就大膽地嘗試自己畫室內平面圖，縱使沒學過室內設計這行，亦嘗試自己用比例尺手工畫平面圖的格局，標示水電位置與高度，自己找水電工、泥工、木工來整修。敢嘗試第一次的室內平面圖之後，再和工人溝通，慢慢地修正，我的標示就更純熟了，所以我連設計費都省下來，就省了不少成本。由於自己對美感也有一套自己的眼光，百忙之餘，我還能抽空，找到燈具的批發工廠，甚至於進口家具的工廠，經過我佈置的房子，有別於設計師的一成不變、大致相同的風格，所以我投資的房子利潤都特別高，連傢俱也都能獲利，不放過任何一絲可賺錢的機會。

那個年代，可貸款成數比較高，投資的巔峰時期，我是個名下曾同時擁有十一間台北房產的投資客，年收入更是創下歷史的高峰。證明我這隻白老鼠成功地運用了「一筆錢，二筆用」的策略，將不動產結合保單，投

資環境好時，進可攻，利用保單貸款投資；在投資環境不好時，退可守，強迫把錢放進保單確保老後生活無虞並鎖住利率。成功地印證了，我創造的保單結合不動產獲利回存，進可攻退可守，一筆錢二筆用，超完美的組合是可行的。我也因此成交了許多保單，均是跟我一樣的投資客客戶，讓他們在年輕投資獲利時，也能固定提撥部分資金，確保老年的退休生活品質，讓投資風險降到最低，萬一投資失利也不至於影響未來的退休生活。

那會兒大公司被好友倒會的官司整整打了將近二年多，也告一段落了。我是那個好朋友倒會的最大債主，當初她被法院查封的退休金，我按她倒會的比例分到約四十幾萬，我拿了這四十幾萬，跟所有倒會的會員進行和解。倒會的事件，經過協商和解，總算告一段落。

我繼續在B保經的工作與投資客的行業裡，忙得不亦樂乎，慢慢累積自己對業務工作的信心與投資客應具備的專業，又多了設計師與佈置房子的巧思能力，自然財富的倍增速度，就不斷翻倍成長，四十歲我就財富自由了。經歷過這麼多事件，我不再是當年那個只會畫圖，只會悶在心裡委屈，躲起來偷哭的小女孩了。

再一次印證：永遠不要小看自己，潛能可以無限，就看你堅不堅持，就看你的思維往哪走。

我們都喜歡聽童話故事，因爲所有童話故事都有一個最圓滿美好的結局，留給讀者對未來期待無限的遐想，沒人願意揣測白雪公主或灰姑娘的婚後生活是否眞的甜美，那些瑣碎無奇的柴米油鹽醬醋茶，沒人有興趣繼續想再看下去。但人生不是童話，就算你好不容易從逆境中爬起，在困境中成長茁壯，甚至已翻身，世界也不會因此停止轉動，老天並沒有停止對你的試煉，每天仍有不同的折難困境呈現在你的眼前，要你去面對，考驗著你的抉擇，將呈現不同最後的結果。

來一場捷克古堡宮廷晚宴

第九章：面臨主管、組員的背叛

投身B保經公司之前，我安然地度過離婚、好友背叛、兼職還債的低潮，逐漸地爬出困境，迎向陽光，也邁步在重新翻轉人生的途中。進來B保經公司，公司給每個業務員的設定目標，就是高標準的MDRT終身會員（達標十年）。我進公司四年，就連續四年蟬連MDRT圓桌會員，也被這間很棒的公司訓練成一個不畏艱難的超級業務員，亦是個優秀的講師。這一切都感恩公司創造了這麼棒的舞台，成就了非凡的我。一直到現在，我都還非常感恩公司董事長對我的栽培。

當年的我很認同公司的理念，投入少子化、老人化的台灣退休市場不遺餘力，像傳福音一樣苦口婆心地為下一代著想，開始傳遞年輕的自己要養未來老年自己的觀念：現在就要提前佈局為自己的老年負責，年輕時就開始為固定且具一定額度的退休金做準備，規劃奉養自己的老年。我對於這份神聖的工作負有強大的使命感，自然全力以赴在事業上打拚，在保險事業這塊領域上，得到了前所未有的榮耀、財富、安全感，光環集於一身，甚至以公司為傲，以公司為家。

我感恩引領我進來這公司的主管，我也因為有他的挑釁，有他的挑

戰，有他的競爭，有他的激勵，良性的競爭下，業績一直都名列前茅。在他的區組裡面，也一直是帶頭衝業績的標竿，亦扮演著身先士卒，衝前鋒的角色，帶動整個區組，只要我一報業績，就能激勵全組跟著我衝出業績。全組追著、想迎頭趕上的氛圍，營造出一個良性競爭的環境，具有提升全區組的人積極向上不敢怠惰的影響力，我以此為榮，樂此不疲。

B保經公司的理念就是「演而優則導」，當你把業務員的本分達標到超級業務員之後，當然也一定要是已達標MDRT會員，就準備當主管增員，傳承下一代，我也遵循公司給我的使命，聽話照做地往這條路上走。沒想到在我如此深信聽話照做之時，我的主管竟為了私人利益、自己的私心，加害於我，讓我再次領悟到人心的醜惡面。

在寫這段背叛過往的時候，我一直很掙扎，到底該如何下筆；會不會對公司形象有所影響，是我考量的因素，但這傷害，深深影響了我對人性的看法，所以我決定不跳過。台大都有留級生，一間正面積極的公司，也一樣會有這種主管出現⋯⋯。

進入B保經公司之後，我用極短的時間達成MDRT的目標。除了賺取豐盛的收入、公司各項獎勵之外，還快速調升職等，公司與主管開始引導我「演而優則導」，開始要我負責增員、帶人、培訓等任務。而我知道業務員的世界是非常殘酷的，公司每三個月就會考核業績，縱使你同時增員、培訓並帶人，自己的業績也一樣要接受考核，時間很有限。如果全力以赴在增員，並陪同新進人員去談客戶，成交的業績都是他們的，不用和我分成，可以讓新進人員容易定著有安全感，但在剩下有限的時間裡，我怎樣佈局衝自己的業績，就顯得相當重要了，要在下屬達到業績之後，主管也不被考核刷掉。當時我業外收入也頗豐，對組員也很大方地下獎勵，只要組員MDRT，我就送一枝萬寶龍筆，自己拚業績的同時，仍有餘力指導後進。過去曾在公司遇見值得依賴的主管，現在換我成為下屬堅強的靠山，幫助後進，並引以為傲。

看見下屬慢慢成長茁壯定著，我開始為升上處經理的目標努力前進。在公司想要升到處經理這職，最重要的一部分就是「人力的增員」。我除了要顧好自己每年MDRT的目標，還得補足人力，帶完第一代六位業務主管之後，需再增加第二代八位以上的業務員，且個個均要達成公司規定之業績目標。這人力條件在我們內部稱作「168」，1代表的是自己，轄下還要有第二代6人，第三代8人，即6＋8＝14個組員，並達成規定業績，才有資格升上處經理。但不可能百分百達標，所以要多備幾位人力。擬定好目標後，我的策略就是在四月份自己就先達成MDRT標準的業績，完成

連四屆的殊榮，才不會在全力增員又陪同下屬做業績時面臨考核的風險，並規劃成交一些月繳客戶，好讓三個月一次的考核得以無虞。設定好達標的方法後，努力去執行，果真如期在四月完成。先確保自己業績無虞之後，五月全力衝人力增員與陪同。只剩人力目標後，就簡單多了，可以專心地打增員電話並約面談。從早上八點進公司，常忙到晚上十一～十二點才離開公司，組員們都叫我拚命三郎。公司大樓都是我最晚關門走的，連守衛也都認識我。不到幾個月的時間，我迅速擴增區組，一人帶十八個組員，忙到不可開交。為了讓新進和下屬也達成MDRT的目標，我像母雞帶小雞一般細心指導，並親自陪同，教導他們如何快速精進與獨立，每天工作超過十五個小時也不覺得辛苦，認為主管一定要身先士卒，底下的業務員也才會跟著不落後。整組氣勢氛圍很好，大夥兒做得有聲有色，對公司也更有信心，不僅讓新進人員證明自己的實力，也對新進組員的收入有所交代，我為此感到欣慰。即使非常辛苦，也樂在其中，一切的犧牲也都甘之如飴，我也相信組員們都看在眼裡，也都感受得到，我對他們的付出。

當時的我很愛公司，也很認同公司的理念，自然也就非常熱衷於我的工作。我放棄親情，也放棄愛情，全力以赴地在事業上衝刺，全力幫助組員達到他們心中所想，賺取他們想要的財富。我為這一群組員掏心掏肺、沒日沒夜地努力陪同談案子，努力地協助，無悔地付出。

當年組員送的拚命三郎的存錢甕，保留至今

在公司想要升上處經理，最重要的就是要全員支持你，全員動員，全力做業績，並一氣呵成、同步團結才有辦法。就在我全力以赴到後期，我覺得底下有三位比較重要的、轄下也有帶業務的主管，對我的態度開始出現轉變，對我的關心與協助，對業績達標的建議，反應態度都有些不對勁，而且會刻意迴避我，和避免跟我接觸。我不知道為什麼，問他們也不說。本來以為自已太忙了，疏於照顧已經比較穩定的主管們，認為幫他們照顧到他們轄下不穩定的組員，可以減輕他們的壓力，好讓他們可以專心攻自己個人業績拼上MDRT的榮耀，其他的都由我來分擔。

他們幾位主管轄下的組員，我都一併挑起一起帶；他們該幫下屬的責任，也都由我來扛起。大家分工——這是大家之前達成的共識。當年我聘有私人助理，我的每天行程都是由他來排定，幾乎天天是滿的。我除了公司該開的主管會議，幾乎把所有時間，都花在陪同下屬跑客戶，畢竟我一人要支援轄下十八人的陪同，並解決疑難雜症，時間確實有限。通常到晚上七點過後，我會進公司做其他組員的輔導或協助處理所有拒絕處理的問題，解完大部分組員的問題後，約九點半到十一點半之間，才是我個人打增員電話與處理自己行政工作的時間。我一個人帶這麼多人，還得維繫業外工作，根本沒有時間去注意人性，我只是單純地拚命想撐起底下全小組的業績，達成升上處經理的目標。

當我覺得轄下主管不對勁時，首先我去找我的直屬主管，因為他大部分時間都在公司。他在壽險界很資深，聰明又細心，他一定知道怎麼了。怎知他面對我，只是簡單帶過說：「沒事，妳去忙妳的。快年底了大家都在拼MDRT的業績，壓力比較大而已，別想太多。」，並承諾會幫我留意那三位主管。我也不疑有他，還謝謝他幫我照顧下屬，因為他也一直很支持我升處經理的啊，也是他給我下的指導棋，我也都照他給我的規劃在執行。我這麼深信他所安排的一切，殊不知自己已被悄悄出賣詆毀了，而不自知。

當時單純的我，沒有在壽險界做過業務員，不了解壽險界的生態，不懂如何思考頂上主管身處的處境。縱使他業績很好，但如果我把我轄下十八個人力升處，分出去，他增員人力擴張的速度，如果達不上公司考核的168人力，即是我分出去後，除了自己1個，他轄下還要有第二代＋第三代人力要過14人的標準，6＋8＝14個組員，否則他即便已是處經理了，也沒法通過公司的考核，就會被降階。結果當時的情況，正是如果我升上去把十八人分處帶走，他原轄下組員就只剩六人，照理說：他和我同步在增員，只要再增進來八人，處經理位置就安全，反之則不保。原來是我的主管剛開始希望我增員的時候，也沒想到，我增員的速度能夠那麼快速，人員進來並且很快就定著，而他必須增進八人並定著，結果是我已定著十八人，他的八人卻還沒追上。這是公司少有的情形，也是他失算的地方。有些事情沒走到那裡，就不知自己會追不上；等到我快速竄起的局面底定，他發現已來不及追上我的時候，只好下毒手才能保住他的地位，面子也才罩得住。只要我沒升上去，組員沒被拉出去，連我包括我轄下十八個組員都在他的轄下，再加他自己的六個，當然超過6＋8＝14個組員的考核，也就安全地保住他的位置。既然我已增進這麼多人又都能定著，那如果可以把我幹掉，犧牲一人換這十八個組員都歸他，利益更好。剛好他增員也比較弱，直接撿到一批組員不就更好了。這時最快阻止我升上去的方法，就是一面在我的組員裡挑撥離間，一面對我的十八個組員不斷示好給予恩惠，並用處經理才有的職權討好他們，以示與我的差別。另一方面，在我的面前又扮演著體諒我、幫忙我照顧組員不辭辛苦的好主管。他是個處事非常圓融的人，習慣戴著假面具說好話的雙面人，不是太懂壽險業務體制的我，自然不疑有他。當他正為自己謀劃，私下進行得很開心時，我竟對此一無所知，整天滿檔地衝衝衝，衝業績，衝人力，衝陪同下屬，忙得暈頭轉向。

當年，我第一次開始增員，只管往自個兒的目標衝，根本沒有注意到主管到底自己有沒有業績，或縱使有業績，增員定著的人夠不夠，會不會影響他處經理在位的考核，進而連帶影響到我升處的狀況。我只知道我升處之後，我整處的業績，都會回饋給原來的處經理半年，這對他來講是有好處、有利益的，他幫我照顧我的組員是魚幫水，水幫魚，天經地義的呀；我從未想過，那他如果被考核刷下來，而我升上去，他在我之下，根本拿不到好處。原來重點在這裡，而我並不了解這層細節。

年底到了，果不其然那幾個避著我的主管沒衝上MDRT的標準，不滿的情緒更加明顯了，但是人性就是當自己與目標落差很大而為此失望時，組員通常不會檢討自己，都檢討主管沒有幫他們或如何。這時候他們對我的怨恨好像更大了，但我不知道我到底得罪了他們什麼，錯在哪裡，為什麼他們用這種心態來回報我？就連親手培育出來的幾個MDRT的主管，也和我行同陌路，還故意閃我。我好失望，好受傷，沒人告訴我為什麼，也沒人可以給我真相——我徹底失望了。更不知道其實下毒的就是我敬佩的直屬主管。

當時我一直都有剪報的習慣，假日在家是我整理報紙的時候，有天我看到報紙上的一則文稿，大意是說：「當你處於主管位階時，跟組員的高度、格局是不一樣的，所以他們才在你之下；不管事情對錯，先道歉再處理，當主管的要有大格局，不可以跟下屬一般見識」。我對這行話特別有感覺，於是我決定用這方法一探究竟，問出個所以然來，弄清楚到底發生了什麼事。至少也要知道我怎麼死的。確定之後付諸行動，我約了我的直屬主管與三位背叛我的主管在會議室開會，問清楚三位主管對我有什麼不滿，讓他們把問題全說出來。

第一個主管說我在背後說他的閒話。我一聽到是我完全沒有聽過的橋段，就肯定我被栽贓了。我於是回答：「如果你認定是我，我先跟你道歉，但是我不想背黑鍋，所以我還是要解釋，你所說的一切，我都不知情，更不可能講過這些話。相不相信是你的事，但該澄清的，我會澄清。我身為主管不是我說的，一樣跟你道歉，是我的格局，不代表我有錯，但我內心當下，總算明白有人在搬弄是非，栽贓我了。」第二和第三個主管也都大同小異，告訴我說，我在背後說他們什麼樣的壞話。結果我聽到的是知道有這件事，但是事實不是他們所說的那樣，我也是先跟這幾位主管道歉再作解釋，事實並非如此，並解釋清楚你們相信也好，不相信也罷，我對自己負責，不會讓栽贓的人逍遙法外。「請你們去回想：是誰在栽贓我，你們自己心中會明白，基本上你們自己看在眼裡，我根本沒有餘力跟時間去說別人的閒話，而且全公司的人都知道我的個性討厭八卦，怎麼可能還會自己去論人是非呢？」了解我的人則心知肚明，原來答案揭曉，我是被栽贓死的。我總算明白原來你不八卦也會被栽贓死的理論，不過至少我總算明白自己是怎麼被陷害的。兇手就在現場看好戲，突然一下子，我知道我該怎麼做了，我也全明白了。

看清了直屬主管的謀略之後，我也沒現場揭穿他，於是果決地處理。我告訴我的主管：「看來你們三個，現在只相信我的直屬主管，對不對？」看他們三個組員也不敢回答，我就順勢說道，「那我就把你們三位主管交給你們最相信的主管帶領，並且你們轄下第二代、第三代的組員也一併都由他來協助帶領，免得以後我又被栽贓。今後我不想聽到你們說：『我這個主管沒幫你們』的閒話，因為是經你們同意的，這樣沒有問題吧！」我順勢把這三個主管含轄下的組員全部交由我的直屬主管帶領，我可以不升處經理了，對於人性，我徹底失望，我可以放棄一切。快樂的只當超級業務員就好，不再傳承帶人。從得知答案的那天起，我就不進公司了。我請了個長假，想要證明我的直屬主管、我的轄下組員沒有我這拚命三郎，沒日沒夜地扛起他們的業務會怎樣，用未來的結果，來印證他們今日的選擇。我就要時間來證明，他們相信我的直屬主管後，會有什麼後果，而我這主管不再幫他們會變得如何，這些結果他們自己得要承受。今後我就只做自己的個人業績，其餘的我都不要了；我不想再升處經理了，也不想升處了，更不想這麼累，帶這麼多人了。我好累。

對於人性，我徹底失望了，漸漸地我不再對人付出。對於組員，我不能接受我掏心掏肺換來這樣背叛的事實；對於直屬主管，我甚至於算過，

我的主管增員到我這個人，至少讓他的口袋賺進了一千二百萬以上，他卻還是這樣陷害我。我沒有辦法接受這一切，我無法接受人性是如此地醜陋，我無法原諒我自己身經百戰，卻沒有發現人性的醜陋而做防範。我不斷責備自己的愚蠢，每天輾轉難眠，睡不著覺，每天睡醒都像行屍走肉，想到就不甘心，莫名地掉眼淚。我不甘心，放棄親情，放棄愛情，把一切時間都給了團隊、給了組員，沒有感恩也就算了，竟是如此的結局。我不能接受我這樣子努力，最後竟然得到這樣子的結果，沒想到四十歲財富自由的此時，我心中竟然沒有喜悅，反而再一次嚐到了眾叛親離的滋味。我頓時再度回想到過去在大公司所發生的一切，曾經遭受摯友背叛的椎心之痛，又再次襲擊而來。為什麼傷害，總是在我最信任的人出現之後發生？為什麼我總會遇到這種人？為什麼老天總把這種人放在我身邊，不斷地折磨我？難道我這個人，活在世上就是來受折磨還債的嗎？我不配有好日子過嗎？當你不覺得活著快樂時，當你覺得活著沒意義時，當你覺得自己活著只是來還債時，對於人們的勾心鬥角感到疲累，也不想再面對人性的醜陋時，輕生的念頭便開始出現。

那時我的男朋友告訴我：「妳以前賺錢還債，過得多累，妳都撐下去了、挺過來了，現在妳已經翻身了，什麼都有了，妳反而想死了。妳不用在乎別人怎麼對妳，怎麼傷害妳，妳只要把自己做好就好了。」但是當年的我，聽不進去，我覺得我活夠了，我債還完了，我覺得人世間的人性太醜陋了，我不想再面對。我好累，好累，我好想休息了。我不要再去上班了。當時我的男朋友在台中剛起步還沒上軌道，我告訴他，我乾脆嫁給你好了，讓你養我，我不要再上班了。他回答我說：「妳房子這麼多，房貸這麼多，你沒上班我怕養不起妳和房子。等妳房貸還到差不多的時候，我們再結婚。」那是我離婚之後第一次想嫁人，也是最後一次了。

神醫姊姊的出現，讓我相信菩薩的存在

一直愛漂亮的我，沒上班後，也依然會去天母美髮店洗頭、修指甲，正巧老闆很熟也是我的客戶，找我載他去南投做法會，秉持服務客戶的心，我便載著客戶去南投兩天一夜，到〇〇山莊跟著做法會。在法會上我認識了一位花蓮前來義診的張姓中醫師，後來我都稱她為「神醫姊姊」，原因是她可以和我家拜的那尊觀音菩薩直接對話。姊姊的道行頗深，在常人眼中看來就是有些靈通。

初見面時她劈頭就問：「妳家是不是有拜觀音菩薩？」我家裡的確有拜觀音菩薩，但那時因為公司的紛爭，自己就也特別防人，雖然覺得姊姊頗為友善，但終究是陌生人，所以並不想多談自己的私生活，就故意回答：「沒有。」。但她又繼續說下去：「不可能，我明明就看見妳身邊有一尊很漂亮的菩薩，在妳身邊跟前跟後。」那是我第一次遇到有人這麼對我說。我雖然誦經多年，卻不覺得有受到神佛的庇佑，倒是時常被親友背叛，所以我採不信任的想法，沒什麼興趣回答。神醫姊姊繼續說：「菩薩要我告訴妳，祂坐姿不穩，要妳回家幫祂擺正。」心裡想：怎麼可能，家裡的菩薩坐在神桌上怎會不穩，不想聽她鬼扯，但也不好意思表示什麼。結果在山莊過夜的那天晚上，我竟然在眾多師姊中，被安排和這位神醫姊

姊同房，這太有緣了吧。那一夜我們聊了更多，更熟識了些，也在各自返家前，互留了電話。巧的是，回家之後竟然發現，供奉牆上的水月觀音像正如神醫姊姊所說的，因為搬了新家，釘的支架只有一支，掛不穩歪了一邊。原來連牆上沒有開光的陶土作畫的水月觀音也有神蹟，原來神醫姊姊說的坐不穩的菩薩是牆上的畫，而不是我原供奉在神桌上的觀世音菩薩，再回想到神醫姊姊說的話，原來是真的。

在了解神醫姊姊的不凡之後，我們慢慢變成好朋友。菩薩透過神醫姊姊告誡我，人生在世就是一場修行，別人如果對你使壞，那是因為他內在的不足，必須透過傷害詆毀的方式，才能得到滿足感，這個時候不能心生怨恨，而是要理解並原諒他。神醫姊姊為我開了一扇心門，開導著我，但當時的我回答：「我是人不是神」我不想欺騙自己內心，假裝神聖，我無法不生怨恨，無法原諒主管與組員，寧可一樣積怨在心底，不原諒別人，不放過自己。當時的神醫姊姊一時之間，還無法把我從對人性的失望中徹底解救出來。

漸漸地，我不再進公司，即使住家離公司只有三分鐘的路程，工作相關的事務，也在家靠電腦遠端處理。我也懶得為自己辯護，也不想看見組員的臉孔，去猜想誰是敵是友，只是偶爾進到公司去報件。發現浮在眼前的地上有一圈一圈的黑洞，我要小心地閃著走，一不小心就會踩空掉進這些黑洞。我內心越來越沒有安全感，那時我對人性的恐懼開始放大，佔據我的心，這種迫害妄想的恐懼，緊緊纏繞在心頭，讓人一度想逃離但又無法閃躲。雖然我不進公司了，但我還是持續拜訪客戶，維持頂尖的業績，在直屬主管區組裡，那些客源不穩的業務也想跟著仿效，找藉口不進

公司，希望也可以趁機在外打混。所以就讓自己帶不了我的組員、帶不好團隊的直屬主管，「洪榛林不進公司上班，我就沒有辦法帶好團隊」的藉口油然而生，「大家都想有樣學樣的不進公司也能出好業績！」這番攻擊我的藉口，剛好成為用來打擊我、讓我離開公司的理由，直屬主管打算以維繫公司制度為理由加速把我趕走，要我離職，一旦我被辭退，那先前培育出來的人手和續佣都將歸屬於他。看穿了主管的伎倆，心中不免響起「我才不會讓你得逞呢！」的聲音，一股不就範的死性又再次展現。

幸好公司有人知道這一切的情形，特地指點我去醫院申請一張醫生證明，好解釋我為何不進公司。如果不是靠著一股骨氣，也許我早就崩潰了。後來我找朋友介紹的醫師申請醫療證明。醫師詢問了我申請的理由，並聽完我的生活狀態後，堅持要我轉診身心精神科。我回答：「只是要隨便拿個可以請長假的證明，你就隨便寫個理由讓我可以對公司交差就好，不用太認真！」我認為醫師小題大作。醫生堅定地說：「不！妳的狀況很嚴重，要立刻轉診。」為了拿到醫療證明，我只好乖乖轉診。

在問診的時候，醫生拿出一張畫有九宮格的圖表，上面寫著「感覺生活沒有意義」、「沒有理由地哭泣」、「睡不著覺」……等病症。九宮格裡的症狀只要符合五項就算是重度憂鬱，而我有七項吻合，更是嚴重。醫生開始認真地問診，剖析我的人生，想找出憂鬱症的源頭，從童年、家庭、婚姻都詳細檢核，最後切入到工作的近況，覺得問題應在職場上。

「妳為什麼不願意進公司上班？」醫生問。「我覺得公司裡有好多黑洞，我只要一不小心走，就會跌進黑洞裡，就會被掐死。這壓力大到讓我喘不過氣！我不知如何閃，才能安全閃開這些黑洞。」那陣子我總是睡不著，半夜醒來會不自覺地哭泣、自責、怨自己的一生。活著人生是來還債的，到底還完了沒？老覺得人活著沒意義，甚至偶爾動了輕生的念頭。我的財務和事業都沒有問題，內心過不去的其實是被摯友傷害的心、被親信背叛的心，對人性的信任感二度喪失殆盡，不太想再面對人，一時無法接受事實而導致的厭世。

醫生診斷我有可能已患有重度憂鬱症，只能暫時離開這個職場，不要再受刺激，否則未來還有病情加劇的可能性，叫我要重視，並一定每天要服藥，直到不服藥也能睡著，才能停藥。還告知希望不要一人居住，需有家人同住比較好，但那時我是一人住，所以屬於高危險群。因那個時期，二〇〇五年，正值倪敏然憂鬱症上吊身亡，媒體正為這新興名詞「憂鬱症」吵得沸沸揚揚，我在保險職場又蟬聯美國MDRT多年，不容許有這病歷出現。還好醫生避了些，寫下別的，讓我可以請長假休息。從沒想到這名詞有可能會發生在我身上。我曾是這麼陽光、這麼積極向上的人，這種事怎麼可能會發生在我身上，我很不能接受。

人生的提示：

人生總有波折，知道創作奇幻文學《哈利波特》的作者J.K.羅琳、二戰中領導英國走向勝利的首相邱吉爾，以及德國作曲家，堪稱浪漫主義音樂的代表人物舒曼，這三人有什麼共通點嗎？他們都是憂鬱症患者，有著偉大成就，好像就常伴隨著焦慮失落。我雖然克服了鉅額負債的困境，迎來百萬年薪的自己，對自己雖然感到欣慰又驕傲，但也對職場複雜的人際關係感到恐懼困惑，對人性失去信心。明明就對人眞心地掏心掏肺，爲何總是會遭遇到背叛？不懂得感恩也就算了，何須如此險惡。如何在人世間看透人性的現實面、活得開心及內在的平和間找到存在的平衡點，成了我人生的新課題。

在拿到醫療證明之後，我跟公司請了三個月的長假。為了防止病情惡化，我選擇了一人到加拿大遊學，我經由神醫姊姊的安排去了趟加拿大，徹底切斷工作上的聯繫。我的想法很天真，因為英文不好是自己最大的弱

一人在加拿大遊學時，假日也能帶著腳架悠遊自在。

點，以為只要出國遊學就能自動學好語言。想著「反正不去上班，那就去遊學吧！試試自己能否一人在國外能生存得好」，我一人獨自飛到了加拿大。神醫姊姊的朋友來接我，幫我安排好語言學校與住宿。每天早上通電車，乖乖去語言學校上課，同學都來自各個國家，尤其沙烏地阿拉伯的學生都是蒙面的，讓我覺得新鮮。學校全程英文講課，我每天都像鴨子聽雷一般，回到宿舍再拚命背單字、複習當天的課程。雖然英文沒進步多少，但遊學這段時間，讓我從現實工作中解脫，放下一切，放空稍喘口氣。沒課的時間，一人獨自在加拿大街上閒逛、坐電車到港灣看海喝咖啡，放空的日子倒也逍遙自在，試試自己在國外新環境生存是否合適，也令我更了解自己是否可以享受孤獨。結果我待了將近二十天，實在是無聊又沒趣，又沒朋友，又想台灣的美食，便決定提早回台灣，曾有念頭想移民加拿大，剛好趁這次的體驗認清原來自己一個人，無法快樂地在加拿大生存的事實，所以未來也不用再幻想移民這條路了，藉由這次的體驗，認清自己，台灣是最合適自己生活的環境了。

原來「轉念」是一切美好的開始

從我懂事以來，「賺錢」一直就是人生最重要的目標，當我財富自由後，被人性傷得遍體鱗傷後，或許是時候，該放下一切了。聆聽自己內心的聲音，讓我環遊世界去吧！

所以在回國後，我和神醫姊姊和男朋友又規劃一趟北歐五國之旅，丹麥、芬蘭、瑞典、挪威、冰島五國，我們整整玩了十八天，很久沒有毫無壓力地玩這麼久、笑得這麼開心了。在挪威北角日不落的地方，一個鋪滿雲霧的清晨，神醫姊姊又在天空看到了一些神蹟，雲霧中浮出了五言絕句的詞句，可惜我不知收藏到哪裡去了。姊姊說那是菩薩對我的鼓勵，要我相信冥冥之中自有指引，能在突破之後，走出屬於自己的康莊大道。

我當然看不見神醫姊姊所說的奇蹟——雲霧中浮出的字，但我願意選擇相信她說的話。如果不是受到了背叛的打擊，我怎會放得下工作，放得下團隊，怎會讓自己已疲憊不堪的身心得以休息；或許我永遠沒有機會有空檔，踏上這五個國家的土地，享受這趟環遊世界的路，我肯定是在台灣累得跟狗一樣，忙得團團轉。再回想到，現在累得像狗的，忙得團團轉的應該是那害我的直屬主管，當思維往這裡想的時候，我頓時笑了，笑得開心，突然之間，我明白了一切，那一刻我終於釋懷了。

轉念，轉念，原來一轉念，心鎖就解了，心也就開了，那原本心中放不下的怨恨，頓時消失不見了。人生的美麗和醜惡取決於你的想法，決定你的視野。原來一趟開心的旅遊，專注在美好的事物上，竟然也能有好的思維出現，當思路改變就能展現出截然不同的景色。我重新思考未來，決定未來專注在怎麼過自己想要的人生就好，從此我的人生，不再被別人影響與左右，原來思路決定一切，觀念改變一生。

必須服藥才能入睡的那段日子，我很快地就走出來了，神醫姊姊也成了我的好朋友。有一次正逢她來台北上課，要在我家住上一夜，結果她一進玄關，臉上就出現嚇一跳的表情，害我也跟著嚇一跳，問明怎麼了，她才說看見很多神明在我們家客廳開會，但這時的我，已經見怪不怪了，也沒再多問什麼。我晚上向來有誦經的習慣，當晚在做晚課時，姊姊一會兒開電風扇、一會兒又開窗戶，人也坐不住，在沙發上不停換坐姿，跟平常穩重的她，完全不一樣。後來才知道在我誦經時，她看見形色各異的神佛們，被誦經聲給吸引，趕來聽經。誦完經後，她告訴我：「小榛榛妳這一輩子不用擔心，沒有過不去的檻，因為我看見妳身邊有好多神佛護著妳，這是我很少見的。」還說我在誦經時，頭頂發光，要我不管發生什麼事，都要正面思考，發生的

這些事件，都是來磨練我的心性的，為了讓我能更卓越的磨練。而我認為，這是我在人生面臨第一次憂鬱症的時候，菩薩派了這個人適時出現，陪我度過難關，也讓我從此知道、相信有菩薩祂存在的事實，讓我知道有祂的陪伴我不孤單，讓我面對人性背叛事件時，依然有可以繼續走下去的勇氣。雖屬神蹟，不想怪力亂神，但確是事實，在心中也更堅定了有菩薩的保祐，凡事定有最好的安排，勇往直前，做事更無懼了。

過了幾個月，往昔下屬面臨業績慘澹的窘境時，總是我帶著他們去拜訪客戶，成交業績給他們過關，讓他們有足夠的安全感，不會被考核刷掉，我不在的三個月中，完全切斷對他們的協助之後，這群人才感受到我的重要，才不過幾個月，就有半數的人因為業績不佳而離職或被考核刷掉了。我不在之後，需要協助時，就只能找直屬主管了，結果這時候他原形畢露，和我一比，他們才知道除了要有實力之外，還要願意付出時間陪同，畢竟主管是有家庭的人，時間也有限，還要有體力可以陪同這麼多人。到底誰才是全力以赴、真心待人，不言而喻。

人總是在自己經歷教訓之後，失去了，才想要回頭珍惜，但已回不去了。經過了團隊再一次的人心背叛後，在我走出憂鬱症，我已無心帶人傳承了。我只想快樂地做好自己，管理好自己，比管理別人簡單，「獨善其身，過好自己，勿管閒事」的心境，漸漸地成了我日後為人處事的準則。從那以後，我只要把自己每年MDRT美國榮譽終身會員的目標做好就好了，不再碰觸太多的人性，也開始去除不必要有交集的人、事、物的往來，成為保護自己做人做事的方針。

主管的團隊也在我離開不到三～四個月陸續崩盤了，公司很挺我的副總也把我叫回公司。我重新回到公司後，也不想再回到他的轄下做業績，每天面對那虛偽的臉孔，還要假裝沒事，那樣我實在無法快樂地做自己，更不想再讓他抽我的業務獎金，因此我決定依公司的規定申請調到台中分公司去上班，在台中重新開始我個人的業務生涯。

原來走出憂鬱症很簡單，你只要懂得轉念，打開心鎖，跟自己妥協就沒事了。做好自己，管理好自己，凡事不強求，心就開了。原來每段人生的經歷，其實都藏著重要的寓意，待我們去理解，這也是我分享自己故事的主要原因，讓我們的讀者在讀此書時，能和自己當下的人生做對照，如果正處困境中，請轉念正面思考反省自己，找到自己成長的點。自救自己，突破之後，走向更好的人生。

走出憂鬱症，再度回到公司上班，我選擇了到台中職場重新開始，爲了符合公司規定，甚至在台中買房，正準備好好在台中深耕……

第十章：金融風暴的來臨

前幾章提到，我在大公司被倒會之前，因為喜歡旅遊，又在旅行社兼職領隊，因此結識經營旅行社的一位好友。被倒會之後，也是因為有好友她的介紹引薦，我得以認識前面章節所提的A保經公司的○副總，才有緣進入保險業，成功地從傳統大公司的內勤機械製圖員，轉型成為頂尖保險業務員，進而賺進了人生第一桶金。之後，從一百萬起身，投入不動產投資，跨出了投資客的第一步，並且仰仗在保經業的收入與投資客行業中快速的獲利，說來也應該是要感謝這旅行社好友的引薦，才有今日的成就。

擔任業務員多年後，在短短幾年，我把幾百萬的債務還清，又快速翻身，進而財富自由，因此這好友對我相當好奇，問我如何做到的。我們交情這麼好，我自然傾囊相授自己的投資邏輯，把不動產結合保單「一筆錢、兩筆用」的那一套完美投資方法分享給她，她聽了也想學我這套快速翻身法。但是當時我質疑她的年收入是否可行，但她說她收入很好，做旅遊業都收現金，所以報稅資料上雖然看起來較少，但實際上她的收入頗豐，確實也看她真的很忙碌，生意應該也很好，所以也就教她這一套投資方法。

我教她投資房地產的第一個口訣就是：「成也房地產，敗也房地產」。所以一定要保住正職，投資房地產只能當兼職。一直以來我都是這樣，因為任何投資都有風險，一定要有正職的收入，萬一房地產套牢，用正職的收入繳房貸也才能撐得過去，切記，切記。這是我教她口訣的第一步，我自己也如此實行，否則賓士代步和流落街頭可能就在一夕之間。

但大部分的人在賺進大把鈔票後，往往貪心就忘了風險，這位好友，是我人生中第一位教導房地產投資的徒弟，我無償地傾囊相授，把不動產投資與裝潢布置的小巧思，傳承給她，甚至把所有投資客裝修房子，當時配合的各行的廠商，也一併介紹給她。她很聰明，腦袋轉得也很快，加上當年正處房地產上升的波段，怎麼買都賺，加上我教她的簡易裝潢法，用布置包裝搭配工廠出貨，成本很低，自然每間都賺進一百萬左右，但哪知道新手駕駛吃了甜頭後，就停不下來。她在旅行業裡想要一下子賺到一百萬是不可能的，沒想到投資房子一間一百萬，兩間兩百萬，三間三百萬，這樣依此類推，她覺得房子好賺，地位又高，到哪都奉為上賓，不像旅行社辛苦又要讓客戶刁難，一時之間就上癮了，自然她的野心就變大了。但我並不清楚她的槓桿做多大，只提醒她，不要過度擴張信用，但她根本聽不下去，說多了，還覺得我是在阻礙她賺錢，覺得我囉嗦，或是否因為她賺太快了，而忌妒她。因為當時的我，已改做長線的布局，沒有再做短期買賣，比起她的一直轉進轉出，她確實是賺得比我快。他們夫妻倆忙房地產的事也不亦樂乎，漸漸地，她就荒廢了她自己的正職旅遊業，業務量當然就減少許多，收入來源大部分就單靠房地產轉進轉出了。我這個房地產師傅從沒收過拜師費、沒討過紅包，好言相勸還被當成眼紅忌妒，也因為大家都很忙，只好祝福她後，和她漸行漸遠了。

二〇〇六年，保經公司的鉅額保單這麼好賣，其實有一個重要的原因，即是政府在二〇〇五年十二月底，通過最低稅賦制的「所得基本稅額條例」，政府決定開始實施最低稅賦制。目的是為了杜絕高資產所得者利用保險商品達到優惠減免、避稅的目的，實施後；未來透過保單規劃，將不再是全部免稅，懂得利用保險產品的人知道，透過保單來規劃資產配置是一種工具，只要錢入保單，就能避掉當年百分之五十的遺產稅，因此有錢人盡可能在二〇〇六年一月一日政府施行最低稅賦制以前，有能力的人按自身實力規劃全家大小，買足一人有三千六百萬免稅額度的保單，保險公司的業績在二〇〇五年底，最低稅賦制實施前，業績一夕暴漲多倍，那年我們公司更是創下了歷史的高成長。

由於二〇〇六年一月一日最低稅賦制實施前，我們公司的業績也一直

屢創新高，公司專攻二十年期主打退休與資產規劃的保單，保費年繳都是二十四萬、六十萬、一百萬，甚至一年繳交二百萬的客戶也都大有人在。公司當年又有只要你上了MDRT又可無償配股的制度，讓業務員個個把MDRT視為首要目標，上了MDRT會員的業務員也代表年收入都在幾百萬以上，收入頗豐。公司和MDRT的超級業務員們，卻也因為樹大招風，成為有心人士敲詐的對象。一場看不見的風暴，正悄悄地在背地裡醞釀中。

還記得二〇〇七年金融海嘯發生前，作為前兆，台灣股市呈現欣欣向榮的榮景，二〇〇七年股市還曾上一萬二千點，市場上開始顯現出大量投機的氛圍。那時全民瘋股市，電視台甚至打出「台股上看兩萬點！」這樣聳動的新聞標題。有人拿房子去二度抵押貸款全進股市，有人做更大槓桿，能變現的錢全押入股市，彷彿跟不到這場世紀的股市上漲就無法翻身一樣，十分瘋狂。但我那時，反而感受到詭譎的氛圍，當市場景氣過度繁榮，反讓我起了戒心。所以那時段投資房子，我早已逐漸減少短期交易，只做長期投資。出租一段時間增加收益後，可抵利息的支出，當時在保經公司年收入也不錯，補貼一些些租金付房貸。對我來說，是遊刃有餘的，投資房地產的方式，早已轉向用包租婆的方式經營，等待時機更好、價格拉大之後再出售，而不是一味地忙進忙出，追求快錢，當然台灣的市場只要股票好，房地產就跟著上漲，政府也害怕泡沫化，這時，銀行也開始有風聲出來，放貸成數開始變嚴。我感受到一股風雨欲來的預兆，那感覺，我記得很清楚，於是百忙之中，我還是電話提醒了這好友一定要保守，槓桿不要做太大，能賣的不一定要獲利多少才賣，保留現金部位。但那時她還正吃著甜頭，股市又欣欣向榮，房地產也正「夯」，一切都看好的景氣，她哪聽得進去我的警示與囉唆，完全沒有危機意識。

問題來了！在全民瘋股市的前一年，當年許多人為了避稅與最低稅賦的實施前，購入鉅額保險，一年可能要上繳數十萬或數百萬元，但看見市場景氣一片欣欣向榮，人人忙著找錢炒股票與房地產，對比之下保單鎖住利率的優勢保護資產的重要性，甚而最終可節省百分之五十遺產稅的獲益，早已忘得一乾二淨，被拋到九霄雲外去了。當要再續繳大額保單保費時，錢都已全進股市，也捨不得退出來繳交保費，便心生悔意，認為把錢藏進保單，還不如投進市場大撈一筆才賺得快，但不繳保單，前一二年所繳的錢賠了，又不甘心。有沒有可以反悔拿到錢又不賠錢方式，還可以把錢進股市大撈一筆的方法？據傳少數的保戶開始往這方向試圖想盡方法，尋求想拿到錢，又不想解約賠錢的方法，並結合保險黃牛，精心策劃如何進行兩造互謀其利的目的，達成共識後，即開始蒐證，也讓保險黃牛趁此風，藉機敲詐保險公司與保經公司。在二〇〇七年五月的《聯合報》上，即出現了「保險黃牛抽佣，保戶解約變多」的斗大字眼。

公司也因為歷年業績亮眼，吸引了許多保險界的菁英與銀行界的理專相繼投入公司成為保險業務菁英。台大都有留級生，當然公司也有劣級品，公司沒有注意到部分團隊的新進成員在行銷上有一些漏洞，在銷售的傳單上面沒有小心使用措辭，果被有心人士當作把柄蒐證，二〇〇七年，一篇「『優惠存款』變保險」的報導，斗大地出現在報紙上，讓心裡正在動搖的保戶們，終於找到了退保不虧錢的藉口，趁此報導為由，展開對公司反悔退保的機會，進行談判與訴訟。

想撈錢的、欠錢的、找錢的，全想盡辦法搭上這篇報導的順風車，一起向金管會申訴。正巧當年網路剛興起，從一個到多個，南北大串連，一場保戶結合保險黃牛對上保險公司與保經公司的世紀大訴訟，開始慢慢地醞釀中，並透過網路逐步擴大並持續的對保險公司與保經公司施壓。

沒多久，真如我所言，台灣榮景不常，二〇〇七年八月過後，美國房地產「次貸」風暴引發美國銀行業「流動性危機」的徵兆開始出現，抵押違約、法拍屋遽增，慢慢地延燒到以出口經濟成長為命脈的台灣。全球金融海嘯來得又快又猛地席捲台灣，投資者對於市場價值失去信心，台股很快地從一萬二千八百多點一路下滑到六千多點，一下子榮景變哀鴻遍野，很多散戶都被套牢，根本來不及跑掉。很快地房地產也開始出現拋售潮，想賣房救股票的人比比皆是，房價無可避免地崩盤了，房地產市場呈現了一股窒息量，連帶全台灣房地產仲介也倒了一千多家。接連的骨牌效應，造成全球經濟衰退，市場一片哀戚，從二〇〇八年一月到十月，美國股市整整下跌了百分之四十左右。九月十五日雷曼兄弟更宣布破產，美國當時的市場氛圍可用「風聲鶴唳，人心惶惶」來形容不為過，進而影響到台灣的投資市場，一片慘淡。這下子不是找錢衝進股市了，而是股市裡的錢斷頭的斷頭，想要退出來繳保費，也退不出來了。

猶記巴菲特曾說：「在別人恐懼時，要懂得貪婪；當別人都貪婪時，要戒慎恐懼」，這種違反人性的觀念有幾個人能夠把持的住呢？大部分的人都跟前面所提的一樣想不斷加碼，大撈一筆，貪得無厭，只顧享受眼前的利益，卻看不見風險，這才叫人性，保守做好準備的人便無傷，所以像巴菲特那般有智慧的人只有極少數。

當時我這個投資不動產的好友，也是我的徒弟，當然也看見了報紙的報導，如果她投資沒事，資金操作沒問題，我就不會被捲入這場風暴之

中，但偏偏貪心的新手上路，遇上金融風暴，早已成熱鍋上的螞蟻，而我還不知情。人在投資賺了幾次錢之後，就往往忘了風險，以為自己很厲害什麼都會了，野心也越來越大，投資的物件也從我教的舊公寓，自己延伸去投資新的重劃區的新大樓物件，後者風險可要高上好幾倍。但新手在幾間房獲利之後，早已忘了她是新手，喪失了風險的意識，槓桿做得過大，當年的金融風暴來得又急又猛，市場呈窒息量，房子賣不掉，又因自己本業已荒廢，沒有其他挹注的救急資金，多間房貸自然繳不出，也來不及出租補貼利息，偏偏人越急需要錢，房就越賣不掉。一時也來不及賺進大筆錢，救她套牢的房子。投資好幾間房，一個月要繳本利攤的房貸都要十幾二十萬，自然撐不了多久，資金鏈就出問題了，走錯一步，就難以回頭；又因我先前有不斷地提醒，她當然也沒敢讓我知道她的困境，就私下找朋友與民間的借貸，房子讓朋友設定抵押權到二胎～三胎直到再也借不到。

有一天，我突然接到這個好友的電話，她告訴我：「待會我老公會打電話給妳，他會問妳，我跟妳買的是不是保險，妳要說『不是』，因為他非常的討厭我買保險。他聽不懂妳說的那一套，妳只要說『不是』就好了，其他由我來處理。因為我最近房地產資金有點緊，我正在說服他賣掉一戶大陸的房產，拿來台灣跟我一起投資台灣的房屋。妳知道的，他在大陸有二套房，因為大陸的房產已經漲很高了，應該先賣掉一戶拿來台灣跟我一起投資，就不用一直都用我的錢，所以我現在不能跟他翻臉。他現在正在查我的錢都跑去哪裡去了，妳只要回答『不是』就好了，不要讓我們夫妻吵架，之後我再慢慢說服他。」我根本不知她和老公之間如何說的，況且這好友在未認識大陸老公時，就已跟我買保險好幾年了，大陸人保險觀念畢竟是和台灣人不一樣的，想想也好，不要害人家夫妻吵架，畢竟我們都是離過婚的女人，她也好不容易找到婚姻第二春，不要不小心破壞了人家的婚姻，所以也就不疑有詐，照她所說的回答。只是卻沒想到這些都是他們夫妻設的局，用電話錄音，就像八點檔布局設計的橋段一樣，準備蒐集將來提告要用的證據，才有機會贏。老實的人，誠實的人，往往都是被設計之後，悲劇中被人賞一記悶棍的角色。

就像八點檔連續劇一樣，真相總是藏在背後，沒有辦法曝光，經過布局策劃呈現出的假象，反而展現在人們的面前。八點檔的連續劇，還有導演把結果慢慢導向幕前，事實最終會呈現給觀眾，讓觀眾看見壞人伏法，符合人性期待，但是現實中，你無法像導演一樣任意地將事實展示在觀眾法官的面前，也因此現實的冤案特別多，許多的冤案和委屈也都只能自行的吞到肚子裡去，永遠沒辦法昭告天下。誰叫妳這麼倒楣，交到一個不知

感恩圖報的朋友，教育了一個白眼狼的徒弟，沒看清她是個會反咬妳一口的惡魔。

當時金融風暴來得又急又快，好友的房子再也借不到錢，再也撐不住了，當然只好搭上前述那班順風車，想從中找錢救她的房市。好友本來想，她的老公在大陸有二套房產，希望能說服她老公賣掉一棟來救急，並且把資金留在台灣投資，這次撐過後，她們可以做得更大。但她大陸的老公精得很，才不要動用到他的錢呢。他看見報紙報導，利用保險人員「不當行銷」為藉口，有機會拿回所繳保費，這樣不會動用到他大陸的資產，又可以反悔把錢拿回來救房，再傻也要試著走這條路，反正朋友又不是他的，「背骨」也不是他，所以一場「背骨」的官司，由大陸老公布局主導，展開長達四年的官司。

再次見到這好友的時候，她已結合保險黃牛對金管會提出告訴，說我「不實行銷」，不知我賣給她的商品是保險，要無損失地拿回所繳保費。我們在金管會談判的時候，金管會的人員問：「妳的好朋友要告妳一定有原因，如果妳沒有不實行銷，她為什麼要告妳？」我就單純地把我所知道的直接回答：「因為她投資不當，槓桿做太大，房子付不出房貸很缺錢，才導致繳交保費也有困難，所以想要解約保單又不想賠錢，急需要錢來救房。目前為止所有投資的房子，連自己父親給她的房子，也都跟『地下錢莊』借錢到第二胎、第三胎了。」就因為講到「地下錢莊」這四個字，就足以讓她可以告我「誹謗」。就這一句的「無知」，法律不會因為你的「無知」就得以脫罪，反而讓自己官司纏身。切記，話真的不能亂形容，除非你拿得出證據，縱使是真的也要修飾，我能說她借第二胎、第三胎，有騰本當證據，但是就不能講到「地下錢莊」這四個字。藉著此書，也要教育天真無邪善良的小老百姓們，注意措辭很重要，因為這四個字，讓我被判誹謗三個月，好笑吧？經過這一次我才真正了解，談判真的需要經驗，打官司真的也需要經驗，沒經驗又被設局，就真是像我一樣可憐了，真所謂法律真的是給懂法律的人在用的。

公司這邊派了一位副總出面與保戶協商，沒讓我參與兩邊談判的細節過程，兩方協商過程我也全然不知，最後只通知我，對方決定和解無損失地拿回她所繳的保費，不再對公司進行告訴。總公司副總來電說他們都處理好了，要我去送個禮、道個歉，這件事就這樣過去了，殊不知這只是他們夫妻先布局的第一步，先無損失拿回保費再告別的，只是我們公司天真的副總，相信保戶都是老實善良的，不知背後有大陸人士與保險黃牛的結合，正在密謀更大的敲詐。

我對副總的話仍半信半疑，因為區區三百萬根本補不了她房地產的錢坑，但也不知副總和對方和解的內容，就相信公司副總的處理能力。沒想到，我的直覺是對的！在雙方和解的協議書上有條項目是「不可再就此事對本保經公司提告」，不能以公司的名義提告，那能不能對董事長與公司員工提告呢？老實的副總信任保戶都是誠意的，不疑有詐，只急著想把申訴和解，殊不知心急又老實、沒經驗的副總，相信了保戶老實誠懇的偽裝，結果不小心留下了這個破綻。

真如所料，對方除了無損失拿走全額保費外，還貪得無厭，再繼續布局更大的敲詐。剛開始好友電話找上我，希望和我聯手控告董事長，好讓她再拿一筆錢，解決她的一些困境。她希望：「讓你們的董事長再撈一筆錢。好了。」只是她必須利用我說不實的指控，才可以告董事長來賠償就她也知道我是清白的，但我根本沒理由為了不實指控去誣賴董事長。這種昧著良心的誣告，我怎麼可能會去做！我不願配合好友當證人，誣告公司董事長，好友只好放棄與我聯合去告董事長之事，自己只得去想辦法策劃了。我以為她會就此作罷，畢竟所繳的保費已無損拿回去了，自己應該會想辦法賤賣房子處理自己的債務吧，結果事於願違。

果不其然，他們夫妻倆結合那位專門打保險官司的保險黃牛，

再次提告。提告的對象除了董事長，還加上我這個不配合她的業務員。她這次不是跟金管會申訴，因為所繳的保費已全額拿走了，沒錢再退了，只好再向法院提告，透過民事訴訟，求償這段期間她本人壓力的精神慰撫金，並附了她去醫院拿的憂鬱症證明，加上夫妻倆忙於此事沒去工作的工資損失，合計四百八十萬。好笑的是，被告的人是我，身敗名裂的人也是我，我才會得憂鬱症吧。她是告人的人，而她也已拿回繳交保費的所有錢，應該開心，怎麼會得憂鬱症呢？這樣還會得憂鬱症的話，只剩心虛受良心的譴責了。她老公更可笑，大陸人依親還沒有身分證，本來就沒有工作權，還要以此來要錢，虧他們寫得出來。當然這些都是民事求償，你要怎麼寫都可以，不一定能成立。為了民事求償的四百八十萬要能告成，首先得先把刑事庭打贏，所以要先找出可以打贏的蛛絲馬跡，構成刑法上的判決確定，才能刑事帶民事求償，拿得到這四百八十萬的機率才比較高，真是有高人指點。

對好友來講，她已先無損地拿到所繳的保費，反正死馬

當活馬醫，現在能撈多少算多少了。她一直很了解我的人，知道我是個很愛惜自己羽毛的人，這一告下去，我和董事長為了聲譽，一定會就範。我和董事長身上都有錢，我們一定會跟她和解，她一定能拿到這筆錢的。她心裡如此盤算著，再多拿四百八十萬好解決她的錢坑。我跟董事長不過一人二百多萬，都是能力所及的範圍，她的目的不是要告到刑事確定，再來民事求償，那太久了，對她來講，遠水救不了近火。她認定我跟董事長不會為了二百多萬，搞得身敗名裂，一定會就範，和解給她這筆錢，如上回一樣輕易騙到副總一樣，如願地拿到她想要的錢。我和董事長都知道，這是她的如意算盤，怎奈這次她判斷失誤了，我和董事長都不願讓這種人得逞，因為太可惡了。就因為自己的貪得無厭的不當投資，導致兵敗如山倒，就想盡辦法陷害自己的好朋友，害自己唯一傳承不動產技術的師傅，寧可讓自己一輩子昧著良心，也要找出所有蛛絲馬跡栽贓，說謊布局，為的就是要敲詐這一筆錢。我的人生又再一次受到好友的汙衊、陷害。

我是個保險超級業務員，非常清楚社會上的觀感，和保險業務員敗訴案例，永遠都是業務員吃虧，只是沒想到自己有天也會以被告身分出庭，提告者竟然還是引薦我進入保險業的摯交，這太諷刺了。

引薦我進保險業的好友，說她不知跟我買的保單是保險，這種可笑的技倆，只有烏龍法官會相信、會判贏。我找到相關證人出庭作證，證實確實是她引薦我進保險界的，不可能不知我賣保險，而且我也舉證出她自己的父親意外險的保單，也是透過她本人刷卡跟我買的意外險，甚至我還有理賠紀錄單，我在大公司上班兼職賣保險時這好友就跟我買保單，這十幾年當中好友也介紹其弟媳生的小孩，透過我，買我規劃的保障型保險（即是生病、住院、意外均理賠的保單），「怎麼可能不知道我賣保險」的說辭可以成立。然而，法官仍像被鬼遮眼一樣，相信客戶，就是不相信業務員。一個「消費者說的都是對的，業務員都是說謊」的形象，一直深根蒂固地烙印在法官的腦海之中，天王條款的「自由心證」也成敗訴的重要原因之一。

好友十幾年內向我買了各式各樣的保險，每介紹一個客戶我都會退佣給她。公司規定退佣時，介紹人本人必須簽一張退佣單，證明你是介紹人，並提供介紹人的帳戶，然後退佣金額才由公司會計匯去介紹人帳戶之中。好友因為旅行社的業務，必須時常出國，有一回要簽退佣單時，她正為帶團的事忙到焦頭爛額，人在基隆一直騰不出時間，便要我幫忙代簽退佣單。那只是公司內部的匯款流程，應該不重要，我倆透過電話達成共識後，她說：「你代簽就好了，重要的是，錢有匯進來帳戶，就沒問題了。」

說實話，那時我並不清楚代簽的嚴重性，只想趕快把手續完成，因為大家都很忙，還有許多行程等著我跑。結果這個疏漏，在往後為我帶來慘痛的教訓。未來只要她不承認，就叫偽造文書。錢要匯入她的帳戶，幫她簽名公司內部的文件，也叫偽造文書，這會讀者又學到了吧。除非我提出證明，是她叫我代簽的。時日已久，都過好幾年了，早已沒通聯紀錄了，哪裡拿得出證據呢。

好友向我買了這麼多張保單，陸陸續續好幾年都拿了退佣，都有公司會計匯款證據，有什麼理由提告呢？只能說那個保險黃牛專業人士太會布局了，他蒐證我們有其他團隊業務員在推銷時，將「保單」誤導為「存單」的傳單找出來，硬是栽贓說我也如此行銷，試圖欺詐消費者。天底下會有哪個有讀書的成年人會把「銀行」和「保險公司」傻傻分不清楚的？每次好友都是自己走進保險公司貸款的，怎會不知買的是保險，這樣天真的言詞法官居然也相信。法官一面倒地同情消費者，認定就算是購買儲蓄型保險，它依然是保險，不是你戶頭裡隨時可以運用的資金。對方打算把死的說成活的，真相如何不重要，重要是法院的裁決。一場消費者和法官押著誠實業務員吃悶棍的鬧劇，就像八點檔電視劇一樣，讓人不可置信地上演著，連律師都深覺不可思議，但就真的活生生地被我這「台灣阿不幸」遇上了。

雖然我們公司賣的是保險，但實際上是幫客戶用保險商品做退休規劃跟資產上的配置，而不是做傳統的醫療型保單。想像一下你是法官，這種案子到了你手上，而你對保險商品頗為陌生，在傳統想法上，不就生病賠多少，死亡賠多少，保費十幾萬就很嚇人了，哪有一年要繳一百多萬的保費，單純倚賴常理判斷，那不是騙子是什麼？為自己辯護，只是讓法官更生氣而已。但我們能在出庭時，教育法官保險知識嗎？當然不可能，法官也沒空聽。人生資產配置，依保守與安全性，本來就要選擇用不同的工具來規劃布局，以便因應未來不時之需。但這些法官是不會懂的，這類的訴訟看在大眾眼裡，保險公司永遠都是邪惡的一方，一旦客戶想退保，消費者永遠都是對的，業務員永遠都是騙子。除非受過專業財稅保單課程的訓練，否則一般人根本無法理解我們提供的數字依據有什麼作用。

哪種人會買每年數百萬元的保險合約？

我們找的客戶，是年收入遠遠超過保費數倍的高端富人，上市公司老闆，甚至是雲端的富人們，區區百萬保費，只是他們每年固定提撥在保守

資產上的布局，還可以提早透過保單的規劃，做免稅額度的資產轉移，一人三千六百萬的保險金免稅額，並可省下當時百分之五十的遺產稅。錢進保單也不會全部被卡死，真的需要周轉時，保險公司也會依據保險當年的現金價值給予保戶貸款，應急周轉金就是要快，保單貸款今日借，明天就給的快速，很適合公司緊急動用，或作為臨時借用的應急周轉金，縱使利息比銀行高一點，也比銀行要審核好幾個月還拿不到要好得多。哪一個中小企業的企業主，不知道銀行是個雨天收傘的單位，當企業需要應急時，銀行資金反而下不來的，所以自己的資金部位，本來就應該要有應急的周轉金。而且保險公司和保險經紀人公司的業務員，本來就有義務提醒客戶保單貸款的權益，可讓保單的現金價值、資金靈活運用，避免因突發資金的不便，影響公司營運與退休養老的夢想，並創造保險公司跟客戶之間的雙贏局面。

偏偏法官就認定，保險就是保障或儲蓄，不了解其他功能，也看不懂這些數字的用意。只要看不懂的，就是騙的，特定專業人士再透過網路串連散佈不實的言論，引起社會輿論共鳴，就能相當程度影響司法的判決。法官還有一條天王條款，叫「自由心證」，不用解釋，他認為對就可判定。天啊，那些會讀書的書呆子，沒經過社會多少淬鍊就可當法官。曾在報紙上看到台灣的司法，常常是不懂專業領域的法官，來判專業領域之人的罪，所以報紙也曾出現過「台灣司法已死」的斗大標題。這次真被倒霉的我，遇上了。

這次開庭審查之中，是我人生第一次被告身分出庭，我一度天真地以為老天有眼，會還誠實的我一個清白，會保佑好人，就像神醫姊姊講的那樣，但官司講究的是布局和設計，蒐集資料來栽贓別人才會贏，這是內行人才知道的真相。老實沒有用，誠實不能替你打贏官司。法官認定「消費者一定

是受害者，業務員一定是騙子」的觀念，我們無法改變。

官司一打，就是一條漫長又痛苦的路。每每收到法院的傳票，我總要癱瘓個一週，沒辦法靜下心工作，心情平靜不了，內心總要不斷地反覆自責，檢討自己：為什麼遭遇這麼多事件，還這麼識人不清？為什麼這麼注重朋友，最後還是因為利益被反噬？曾經因為我的教導賺了這麼多錢，沒有感恩圖報也就算了，還反咬我一口，跟先前的好友如出一轍。每次出庭看到好友的嘴臉，都令我實在無法相信，一路上相挺的好友竟會是如此地狼心狗肺。

可怕的是這場官司，還出現了二位不誠實證人，一個是好友的親人，避重就輕地不敢承認她知道我是保險業務員，因為她兒子的保障型的保單，就是我規劃的，保單業務員上面也是我的姓名，有保單為證，兒子也有生病理賠過，也是我申請理賠的，除了買兒子的保障型保險，也買了自己的儲蓄型保單，讓自己老年退休確定能有退休金，這證人直到因為兒子生病要服務時，不敢見我，打電話去保險公司要換業務員時，由保險公司審核沒正當理由不能換業務員，並通知我去服務時，才心虛當面跟我懺悔，告訴我她在法官面前做不誠實的證詞之後，內心不安，內疚二個月中，都無法入眠，希望尋求我的原諒，並保證不能透露，她說明她有不得不這麼做的難處，我心想，老天有眼，誠實的人一定不會輸（當時還天真地以為），心想我供她出來也沒用，她也不會承認的，知道主導的人也不是她，就原諒她，讓她好睡，何苦又多拖一人下水，多害一人不能睡呢？

另一證人竟然是我私人身邊的貼身助理，這個貼身助理怎麼來的，是告我的這好友在基隆牛頭的女兒。當初這位牛頭的女兒要找工作，想去她的旅行社工作，因為這個牛頭很會招團，好友很多團都因這個牛頭而成團的，所以她不能得罪這個牛頭，還要討好她。好友告訴我如果牛頭的女兒進去他的旅行社工作，就會知道她招團的所有的底價，未來好友在跟這牛頭報價的時候，就會曝光其底價，賺不到更多的錢，所以他告訴我這個情況，希望我能夠收留牛頭的女兒在我這工作。成為我的私人助理，不僅解決她不能得罪牛頭，也成功幫她討好牛頭，替她女兒找到工作，那時我收入頗豐，主、副業均很忙，覺得我也需要一個懂電腦，聰明能開車的助理，所以我順勢幫了這好友的忙，解決她的難處，所以我的私人助理與告我的好友算舊識，而我也同意我助理可以兼做業務，所以助理在做業務的時候，也有跟這個好友成交過一張保單，雖然金額不高，但她也害怕被好友告，所以只好被逼做不實的指控，免得被捲入官司之中，這也是為何買我們兩個的相同保單，只告我，沒告我助理的理由。因為助理也沒錢可讓他設計。對於這個助理的指控，我更是晴天霹靂，她是我身邊最疼惜的唯一助理，帶著她吃遍天下美食，為了她的生日在海邊辦慶生，助理曾說：「她人生最快樂的日子，就是當我助理的那段日子」對人一直都全力付出，但是最後我依然是這樣子的結局收場，我人生無疑真是來還債的，是吧！

我又再一次地遭受嚴重的打擊。我常反覆地問蒼天，為什麼惡魔總不放過我？為什麼我老是碰到這種人在我身邊？為什麼對人多好都沒有用，最後一定是這樣子的結局，所以我認定我出生在今世，一定是來還債的，否則不會這樣，一而再，再而三地遇上這樣的朋友。我被逼到重度憂鬱症再次復發，這也正是對方想要的結果，希望阻斷我持續打官司的意志，盡快和解就範，賠錢了事就好。她們差一點就成功了。

第二次重度憂鬱症復發時，菩薩這次又派了一個老天使出現了，那一年，二〇〇七年金融風暴來臨前，我在台北300A3區擔任獅子會第一副會長一職(此職指的是準備接任明年的會長，前一年就叫第一副會長)，自然是很體面的，因為人脈是超級業務員的一切，為了不影響過往的人脈經營，我在訴訟期間始終盡量保持低調，很害怕被別人發現，我被好友告上法庭的糗事，因為無法一一解釋清楚，這對一個保險界的超級業務員在形象上是非常有殺傷力的。一方面我在工作上要跟好友打官司，另一方面在人脈圈裡還得戴著面具在獅子會團體中談笑風生，回家才暗自啜泣，在外人眼中我依然是那位頂尖的超級業務員，雙面人的生活壓得我喘不過氣，每每睡不著覺，腦中不知道閃過多少次輕生的念頭。就在我要崩潰之際，巧遇了「唐老鴨」這位老天使，不管多少人覺得他多麼的不合適我，但是在當下的時空裡，只有他能在我隨時需要有人陪時，總能給我適時的陪伴，度過那段人生最黑暗低谷的日子。

「唐老鴨」是因為嗓音特殊像唐老鴨的聲音，自己私下就幫他取了這個綽號。他會教人打高爾夫球，主動問我是否想學，他可以無償教我。我想想許多高資產的客戶喜歡邊打小白球邊談生意，我早就想打進這個圈子，只是又要拚業務，又要忙房地產的瑣事，一直沒法抽出空來學習，剛好遇見這官司，也沒心思做事上班，更別說走出去拜訪客戶了，趁此機會去學習也好，以便將來有機會可以打入高資產客戶的領域。我告訴自己，我要好好挺住，打完官司。當時的我，還是天真地以為法官會明察秋毫，還我清白，所以我要勇敢挺過去。想想好吧，便跟著他學習打高爾夫球。

高爾夫球是非常注重細節的運動，必須很專心，不斷調整揮桿的動作姿勢，專心一致才打得到球。當時正在和好友打官司，深怕被他發現，所

以只有專心投入，得以隱藏內心的焦慮，暫時忘卻官司的煩惱，專心對付那顆小白球，除了高爾夫球之外，他還是個業餘的國標舞老師，兩人在更熟稔之後，也開始跟著他學國標舞，因為符合我可以運動減肥，又可治癒當時我常年拚命的工作量，導致的駝背。沒想到國標舞，也要專注心神，才不會踩到舞伴的腳。心情低落、難過，腦袋空白不願上班、不願見客戶的時候，都有他陪我打球和到俱樂部跳舞，免於沉浸在官司的負面情緒中。這使得我的腦袋，暫時抽離官司的陰霾。尤其是官司打了一年多後，我正要接會長一職，在獅子會的形象是那麼地好，我沒有辦法拉下臉來，昭告天下，解釋這一切，所以我在表面上，裝得很堅強，不敢露出悲傷的一面。

在跳舞跟打球的那一刻，我展現的是陽光燦爛的一面，沉浸在音樂節奏的當下，我是快樂的，可以暫時卸下偽裝，忘卻遭好友背叛的痛苦記憶。我們兩人身處不同產業與懸殊的環境，既沒有利害關係，也不用擔心流言蜚語。跟他一起學習打球、跳舞，能享受那單純的快樂，也讓我感到有人陪不孤單。這種暫時的喜悅，將我推出自毀的軌道，得以日復一日地挺過那段內心艱難打官司的日子。

每每在出庭前接到傳票和出完庭後，這段期間，心情都非常低落，情緒起伏很大，久久不能平復，無法正常工作。我得有人陪，才不再躲進封閉的牆角下自我批判，而這一路上都有「唐老鴨」的陪伴。他會帶我去我最喜歡的海邊看海，放空、散心、喝咖啡、打球、跳舞……抽離那負面的情緒，以免沉浸在官司的泥沼中自我毀滅，我才有辦法在這四年的官司打下來，沒讓重度憂鬱症再次復發，我感謝有他的陪伴。雖然當時的「唐老鴨」不知道他正扮演著一個重要的角色，當然他也不知道他在不知不覺中救了我一命。我感恩菩薩在我有需要時，總會派人出現，來渡我，渡我過自己心境的難關，讓我關關難過，關關過，我謝謝菩薩，謝謝神醫姊姊，謝謝唐老鴨。

隨著官司一審很快就被判敗訴，對方甚至登報來攻擊我的聲譽，這讓我痛不欲生。攤開蘋果日報，上面大剌剌地刊著我的照片、名片，而且無視全案仍在上訴中，直接把一審判決結果敗訴都條列出來，斗大地刊出「偽造文書六個月加誹謗（地下錢莊）三個月，共九個月」，「得易科罰金」的字眼，縮小排版在右下角小到看不到的地方，讓不懂的人以為我被抓去關了。用如此的手法，就是要盡快逼我就範，逼我把錢拿出來和解。我這硬脾氣，走到這，就是你越逼我，我越不讓你得逞，因為那時，我還是相信台灣司法會還我公道的，我還是相信老天會有眼的。

一審敗訴的理由，竟然要回溯到我在大公司上班時兼職做保險，還沒真正受過專業訓練，一心只想賺錢還債的時期。回溯十年前，還在台灣前十大公司任職，保險只做兼職時，就是這位好友引薦我去A保經公司做兼職，當時她就跟我買了不少保單。每張保單都有「簽收回條」，用來確認客戶已簽收了保單，有十天的猶豫期，萬一後悔，可以行使契約撤銷權。而她其中一張保單的簽收回條，竟是我代簽的。當時因是兼職沒懂太多，我問主管簽收回條的用意是什麼，只得到了「只要十天不反悔，就不重要了」的答案。

好友經營旅行社，常帶團在國外，回家也都很累了，又住在台北縣，好友問明簽收回條不過是用來確定十天內不反悔，不是那麼重要，也確定她不會反悔，就要我幫她簽收繳回就好，不用再一直追著她約時間簽收。只因事隔十年多了，我也提不出她要我代簽的電話通聯證據了。況且這張保單也續繳了十年，除了續繳了十年之外，還不斷加碼跟我一直再買十幾份保單，而且後來所買的全部保單，都是她親筆簽收的。結果他們就拿這張十年前唯一沒簽到的「簽收回條」和前面那張沒簽到的「退佣單」控告我偽造文書，這樣也能成立。這途中還有兩位受到威脅，昧著良心作不實指控的證人（先前已提）。雖然先後這兩人都因昧著良心睡不著覺，相繼私下來跟我認錯，但又如何，法庭上提的證據，提的證人，都可以視而不見了，私下的認錯的也甭提了。

報紙刊出之後，我還是足足關了自己三天，淚流滿面，哭著睡去，睡醒又哭，每天盯著陳述自己罪狀的報紙發楞，質疑自己的生存價值，懷疑身邊每個人都另有企圖，活得像得了被害妄想症一樣，想死又不甘心被説畏罪自殺，想走又走不出去。那個昂首向前、勇者無懼的榛林消失殆盡。當你一路上在公司成為叱吒風雲卓越的超級業務員，帶著當時連續五屆MDRT美國榮譽會員的光環，卻被報紙寫成這樣，你情何以堪？如何走出去面對你的客戶，面對你的親人，面對你的朋友？我要怎麼樣才能繼續走下去？

前面章節就已陳述，我有留報、剪報的習慣，窩在家裡走不出門，順便整理報紙，奇蹟便出現了。那是一篇探討電競遊戲的文章，和我的事業、官司、興趣八竿子打不著的文章，但竟然點燃了我生命的曙光。文章中有一行話，我看著看著竟然清醒了。

Energy and persistence conquer all things.

能量和毅力能征服所有。

人生的提示：

若你沒有辦法改變現在已經既成的事實，那麼當下的你，必須做什麼，才能改變你未來的結果？

我像發現新大陸一樣有所頓悟，雖然看不見神醫姊姊眼中出現的神蹟，但我能清晰讀懂這幾句話的意思，上面指出了我該做的方向，我趕緊在人門、書房、廁所貼上那段話，嘴裡複誦著，腦裡不斷思考著：法官不會收回判決，流言不會停止散布，好友官司打了不會收回，為了不讓最壞的結果出現，我當下該做什麼事，可以改變未來的結果方向思考著，就靠這二句話，讓我從心底絕望處，再次勇敢走出來，再創高峰。

有了方向之後，思考著我的人生，不能又被好友摧毀，我應該已有先前的經驗能面對，我不能被打敗。回想過去，被人拿槍指著的時候，我都沒倒了，這次怎能被打倒。我要再次翻轉我的人生，不能讓惡魔得逞。為了平復自己內心的不平衡，我到台北松山奉天宮玉皇大帝廟那裡，控訴所

有人的罪狀，既然現實的法官瞎了眼，那麼我去神界討公道；既然現實的人間道，無法還我清白，就讓神界來還我。我拿著法官的判決書，上了九柱香告上一狀，將所有人的姓名、誤判的罪名一一唱名指控，並在玉皇大帝面前，邊哭邊控訴著：「舉頭三尺有神明，請讓我看見見證，我會活著，讓我看見這些人的報應，否則我永遠不再相信舉頭三尺，真有神明了」，還邊說邊哭，激動得差點在現場昏了過去。把一切誣告成立的罪名，交託給玉皇大帝去處置之後，我便開始勇敢地走出來，帶著領悟的一行話，去改變未來的結果。我開始想著每年MDRT的終身會員還沒達標呢，縱使被誣告、被栽贓，我不能被打敗，不能忘了我所訂的目標。我突然又活了過來了。

當你受重傷後的瘡疤，已經長膿了，還發臭的傷口，你是把它隱藏得很好，不讓它的臭味溢出來，被人發現，還是決定把發臭的膿包挑起來、擠出來，呈現在眾人的面前，除了自己要面對它，還要客戶也面對它？我相信任何一個有身分地位的人、好面子的人，都害怕被人提起那丟人現眼的過往，何況是官司，哪怕是被誣告，也沒人有勇氣，敢自己挖出來，還要客戶正視自己身上的瘡疤與臭膿包。

我鼓起勇氣，決定行銷自己的臭膿包（官司），帶著登著我敗訴的那份報紙一一去拜訪我已成交的客戶，拜訪每位曾向我購買高額保單的大客戶，把報紙攤在他們眼前，沒看到報紙的，就讓他們閱讀報紙所報導的話術，再一次讓他們確認，我是否有在這位已成交的大客戶面前用過這莫須有的話術，讓客戶自己確認後做出判斷。確定我向他行銷時，沒有使用如報導所寫的行銷話術，客戶自然會明白，我確實是被栽贓誣告的無誤。那一刻在大客戶的面前，我終於得以洗刷清白。我繼續闡明事情的原由，把本來是行銷商品的流程，改成行銷報紙報導的誣告。每一次行銷完大客戶後，都已忍不住淚流滿面、頭昏腦脹，衛生紙都有半包在垃圾桶了。「洪榛林究竟值不值得信賴？」、「洪榛林她就是品牌」、「她的姓名就是口碑」，哪怕是被誣告，也會勇敢面對客戶，走出來迎戰。我鼓起勇氣一一拜訪我所有的客戶，展現出我比任何業務員都誠信、堅強，即使面對法院判我敗訴，也無法動搖客戶對我信任的心。

那一年我對所有客戶做的第一輪拜訪，就是勇敢面對行銷報紙不實指控的官司，再拜訪客戶第二輪時，就不但要鞏固客戶對我的信心、對公司的信任、對商品的認同，還要他們為自己退休生活或公司資產，繼續加碼購買保單。那一年下半年，我邊哭邊收業績，依然達到二十年期年收將近五百萬的保費，也邊打官司，達成連六屆的MDRT美國榮譽會員。往後官

司又持續打了三年，期間也不畏官司的纏身，每年都一一達標MDRT，進入保經公司九年，縱使是打官司的四年期間，也連續不間斷均達標MDRT榮譽會員，達成連續九屆九連霸的殊榮。

不是每個人都有辦法在面臨這麼大的挫折之後，還能夠有機會找到一句話提醒自己：具備強大的勇氣，不畏流言，勇敢面對內心的恐懼、面子的難堪，不斷強化自己的心境，向自己內心喊話，還有辦法再次突破走出去，再創佳績。記得曾有朋友提起，新竹的新貴高級主管，被好朋友騙了三億，不敢告好朋友的理由，竟是為了面子；怕被別人笑愚蠢，遮掩都來不及了，更何況自揭瘡疤，現在回想，單是行銷自己的臭膿包這勇氣，我倒是佩服自己的勇敢，面對惡劣的環境，最終還能再打一場漂亮的勝戰。

官司打下來，我們每一審的判決都輸，連多位關鍵證人出庭作證反供，所有證據法官也不解釋為何不採信，完全沒給我們機會。每審判決書上的內容都只是拷貝複製，連錯字位置都相同！到了第三審，我換了委任律師，是個擔任了二十多年的資深法官，為了自己的理想轉行成律師。他私下告訴我說，這個案子他太晚接了。我也太倒楣了，案子也很詭異，法官也真不用心。過去相同案例，遇上的也是相同的法官，業務員也判贏，為什麼只有我是敗訴？這是不太可能發生的，但是我就是遇上了。因為我是「台灣阿不幸」嗎？所有不可能的不幸，都會降臨在我身上嗎？

最終我只能接受最後的結果，因為我已把所有說謊的人，控訴到玉皇大帝的面前，我相信我的內心坦蕩蕩，而心虛不實指控與沒說實話的人，在未來的日子裡，要不斷接受良心的譴責一輩子到死，相信他們也一定好不到哪去，我如此深信著。

師傅領進門，修行在個人，如果無償付出的代價是官司纏身，那還有什麼值得信任的？在投資的傳承裡，再一次遭到好友的反噬，再一次遭到友情的背叛，從此之後的我，對人更冷漠了，不再對任何人熱情，不再相信人性本善。善良沒有用，好友沒有用，朋友重新再篩選過，只和一些信得過的朋友往來，其他的，就君子之交淡如水了。從此之後，我再也不教別人投資了，「獨善其身」成了我未來人生的準則。

這場官司打下來，讓我回頭審視過去，原來在前一年帶團隊要升處的時候，就讓你先經歷一個小背叛，先訓練你承受的能耐，當你能走出來那一次的憂鬱症之後，讓你身體先有免疫力，因為後面還有一個更大的背叛官司等著你，那時你才有抵抗力，才能承受得住，如果你在前一年那一段組員的背叛沒有撐過來，現在這一場的官司，你可能就挺不過去，原來人

生的安排，是按部就班的際遇，一個不斷試煉的人生路途，為什麼會讓你遇到那些鳥事，就是要訓練你能在人性的背叛中磨練出堅強的心智，擁有更強大的抗壓能力，以後的道路上才能真正的勇者無懼，往後我便領悟到面對所有事件的發生，不管是背叛、困境、挫敗、傷心、都能平常心去面對接受，再也傷害不了我，反而遇到任何事件，得先反省自己，且能從中找到成長的立基點，轉念之後——發現原來人生無處不圓滿。

隔年二〇一一年五月，官司進入最後階段，公司放眼大陸市場，決定提早前進北京，要挑選可以獨立作戰又有能力當講師，亦能在外地陌生拜訪，並有能力可增員，且能傳承訓練的主管，前往北京分公司，為公司駐點在北京第一站的先鋒戰將。我被欽點上榜單，成為公司前往大陸第一批人選的十三位大將之一（含副總），那年五月端午節前，十三位公司高級主管，到了北京安頓好住所，準備一週後的大陸簡體字保險人員證照的考試。由副總帶領的十二個戰將，如火如荼地在大陸展開一系列的布局，開啟了在異國的另一段人生。

I'M FRANKIE MORELLO'S

第十一章：前往北京赴任

四十五歲離開台灣去北京打天下

任何企業想要永續發展，就要不斷革新、擴張，保經公司也不例外。面對台灣保險市場的飽和，訴訟雖然還沒結束，但公司布局放眼大陸多年，想起步前往北京設立保經公司的計畫，準備提早啟動。公司覺得我對公司盡忠職守，更有商品創造力，面對官司的時候能夠挑戰強大的壓力沒陣亡，且在邊打官司的情況下，還能連續每年達標九屆的MDRT，這種人才不可多得，便決定派我去中國大陸當第一批打天下的先鋒戰將，並拓展公司與個人新的事業版圖。

我很清楚第一批去北京打天下，肯定是最辛苦的，一個陌生的環境再加上一個人治的大國，必存在著非常多的變數。但是走過人生這麼多的曲折苦難之後，面對任何新的挑戰，我已無所畏懼，反而想讓自己處於更困難的環境中，自許能淬鍊出更卓越的自己，也相信身處其境，未來定有更多的成長，並以此念作為鼓舞自己前往北京的動力。為了不受干擾，我沒跟家人商量，就決定前往中國大陸北京。公司第一批含副總共派十三個高級主管，浩浩蕩蕩地前往北京駐守，成立了北京分公司。

接受這個挑戰，另一個理由也是想藉由行動證明自己的清白。當時官司還在最後的上訴中，假如我是有道德缺陷的保險業務員，那麼公司怎會委任如此重要的任務給我呢？早應該為了聲譽把我辭退才是吧？所以有些事根本不須解釋，用行動證明比解釋更好。

試想中國這個坐擁十三億人口的一胎化大國主打退休，內需市場龐大，但先前所有台灣去的保經公司全鎩羽而歸，也意味著有著激烈的競爭與拓展的困難度。我們主力做的依然是針對退休資產配置的規劃，要找的市場人士是屬於高收入的客戶，大陸人民生活並沒有想像中的容易，退休規劃的觀念也就格外地重要。只要改變他們對保險的觀念，就能為公司帶來驚人的收益。況且我也算是公司股東（因為手上有持股），公司好，我也分紅得好。轉戰北京之前，我細數自己在保險業立下的種種成就和里程碑，知道這是我保險業務旅程的最後一站，我須全力以赴。

官司彷彿永無止盡地纏訟著邁向第四年，最後我已不再出庭，長駐在北京。對我來說，官司如何，已不重要了。只著眼於大陸市場的視野，要在大陸再創造一個企業的奇蹟，讓B保經公司立足大陸，放眼全世界，再從美國上市的宏觀視野深植在這群戰將們的心中。

最後的官司結果，我們還是得到隻字未改的判決，雖然過往相同的案例都勝訴，最終法院仍決定維持原判，還是維持一審判決的罪名。這場官司打了將近四年多，最終結果是董事長繳五萬五千元，我繳五萬的易科罰金賠給政府就結案了。

告我的好友，創造了這一場官司，當初的計畫得在刑事勝訴後，帶民事求償，才有拿到那筆四百八十萬的求償機會，但因為官司纏訟將近四年多，等到判決出爐時，民事訴訟的請求權已超過時效過二天。就差二天，超過二天，該說是神蹟出現嗎？告我的好友背叛老友，汙衊自己不動產投資的師傅，昧著良心，四年來的纏訟等待，到頭來竟是一場空，一毛也拿不到，還得受良心譴責一輩子！好友自己拿的憂鬱症證明，也讓自己永遠留下病史，任何保險也保不了，最終自食惡果。

或許舉頭三尺真有神明吧！要說是玉皇大帝顯靈了嗎？就差二天，讓惡魔無法求償，大快人心，也讓身在北京的我，免於繼續民事庭的纏訟，得以認真工作不須分心。因為只有二天之差，我認定真有神明的護祐，才有這結果。雖然我被不實的控告搞得身敗名裂，人的現實世界，司法還不了我的清白，至少神界出手，不讓惡人如願。我深信神蹟顯靈，因為我身上有太多神蹟的顯現，在此不便贅述，避免怪力亂神之嫌。

我個人雖然嚐到敗訴，但公司上層官司中在往後的幾個官司中一一翻盤，勝訴了。公司樹大招風，高層主管幾乎被鎖定之後，發現誠實沒有用，法官的認定與請對了律師才是關鍵，於是想辦法讓法官願意接受財稅名師出庭解說，用最簡潔快速了解的方法，向法官解釋保險免稅數字的威力與相關知識，跟財稅保單的操作方式，並讓法官掙脫傳統保單觀念的束縛，才總算翻盤，一一勝訴。官司打久了，也總會遇到認真的法官，終於也搞懂了複利數字的威力，儘管前面犧牲錯判的業務員，再也追不回清白之譽，但老天終於眼開了，至少還公司一個清白。還正在打官司的主管清白。

這場官司前後歷經十來年，公司許多業務員因不堪其擾而憂鬱症纏身，最後消失在業界的不計其數。而我每年仍咬牙達成MDRT，也因此成了公司的傳奇人物。

揮別台灣、轉戰北京之後，我們一行人馬上遇到的是大陸商品的難題：在中國不能賣台灣的保單。中國保單沒有配有固定利率的保單，不能確定退休規劃的金額，這與我們的理念有些出入。不確定就有風險，如何將他們現有的投資型保單，調整成能做退休規劃呢？研發如何銷售、把不確定變保守的話術，成了這一批駐外人員的首批工作。除了要調整不能保證的話術之外，消費者對保險產品的信賴度也偏低。中國民眾普遍對「保險」持有負面的印象，認為保險只有在生病、意外甚至死亡後才用得到，保險觀念落後台灣將近二十年。

在大陸商品缺乏吸引力，成為我們首要的課題，但想要成功沒有藉口，還是要想辦法在大陸突破。另一方面，在台灣就是首席精算師的董事長，也到處奔走催生確定型保單的必要性，奔走各大保險公司與國外再保公司，不遺餘力。當時要研究確定型的保單，雖知勢在必行，但想要合乎當地法令，同時提升產品魅力，是極為困難的。除了文化上存在的差異，法規的時有變動，也是個棘手的問題。我們畢竟是外來人，在講求人脈的中國，很難得到當地政府的一手訊息，常因法規的臨時修改而浪費了資源與時間成本，當時公司前進大陸設定的所有目標也嚴重地落後。

那時的中國大陸經濟雖已顯著提升，許多人剛從小康躍至富人階級，雖然資產增加，但觀念還是沒跟上，並不認為保險是必需品，更不知可以用來做退休規劃與財稅的資產配置，光是觀念的溝通教育就花費不少時間。

在北京值得一提的觀念，還有去了北京後台灣的房地產就沒得投資，都改長租了。沒貸款買房時，對於喜歡投資的我，擅長資金運用，就在

台灣動用保單借款，利率2.99%貸了將近三百萬，在北京做利率5.5%的定存，不費吹灰之力就成功套利2.51%。還用相同的方式進行套匯，賺了利差，也賺了匯差，讓自己在北京的生活，有別於其他同儕的省吃儉用，每月除了公司給的生活拓展費之外，還給自己增加了增員的額外薪水。所以我請了一個助理之外，再多請了一個特助，來協助我擴張團隊並協助製作財稅保單案例的搜尋。在北京的假日，我睡醒後幾乎整天都在咖啡廳，研究創造如何利用保單的特性、如何透過數字結合財稅案例，創造大陸版的財稅行銷話術（當時我們帶去的台灣財稅版本，實在無法套用於大陸之法令）。待北京的二年中，假日幾乎沒有休假，每天累得跟狗一樣，時間永遠不夠用。

我們這批菁英業務主管在北京主要的工作是研究當地商品並招攬優秀人才入司，因此最首要的任務是「增員」、「培訓」、「複製MDRT的人數」；招募當地銀行的理專與保險業務人員，經過我們的培訓調整後，再讓他們去行銷當地人，創造業績。公司首先鎖定銀行行員為增員主力，好處是能快速且有效觸及銀行大客戶，進而成就大保單。要先有高額業績量，讓後進人員先看見，後相信，進而加快增員速度，進軍大陸目標才有機會創造奇蹟。培養大陸業務人員達成MDRT的有效數量，公司知名度自然就會迅速地擴展開來，這個理念就是要精選業務人員與客戶的等級。這些都是必要的關鍵，但在真正實行之後，才發現在大陸銀行理財專員的地位與收入，相較於保險業務員要高出許多。銀行行員除了形象好之外又有高底薪，又可以不用背負業績壓力，怎可能願意換工作到保險業務員，相對的保險業務員沒有底薪，又要背負三個月一次的業績考核；這兩相比較之下，對於我們鎖定銀行理專增員的速度，無疑雪上加霜。

剛過去北京，基於對法令的不熟悉，公司採保守的態度，又基於主管的堅持，規定我們不能在報紙、網站發布求職訊息、刊登廣告，所以我們私下自嘲是十三太保打天下，只能親自下市場大海撈針的拜訪招募，每人發了一張地鐵的地圖，每天就坐地鐵去掃街。結果這樣的決定，除了讓我們這先行部隊的主管們，每天坐著地鐵出站走路去銀行找理專聊天，走壞了幾雙鞋，並碰了一鼻子灰之外，還讓擴展人員的速度慢了許多，這跟我個性實屬不合。我想快，副總老人家想慢，於是幾週後，我找副總分析種種狀況後，想轉往保險公司業務員方向增員，但他依然不為所動。幾經溝通無效之後，叛逆的心再度油然升起。即使主管堅持這項策略，就是要找理專，我還是私下偷偷拐了彎。我認定在公司還沒有名氣之前，要先有人，才會有業績，再來追求品質高的方向。既然銀行地位高的人不願屈

就，那就給地位低的保險業務人員一個轉型的機會；我放棄銀行行員，直接轉向去找當地保險業務員。

我們一行人是在端午節前夕去的北京，沒多久夏天便來臨，溫度幾乎都高達將近四十度，所有剛去的人水土不服，幾乎都中暑了，只有我沒有中暑。大夥問我為什麼我沒有，我當然不敢說是因為我私下轉了方向。我的方法不再是出了地鐵站後走路找銀行，而是跳上計程車或公車，才看得到大樓群集的區域，就下車去掃大樓裡面的保險公司。由於我非常怕熱，中午時間沒有辦法一直在外面行走，因此臨正中午的時候，我都在大樓附近的咖啡廳用餐與享用咖啡，同時創作有別於公司給的增員話術與行銷，當然就不會中暑了。當時還要在5:30開夕會到7點左右，每天須報告當天拜訪的人數與可討論的案件，結束再一起去吃飯，形同一家人。正午在咖啡廳時是我研發的時間，當時更想出奇招，大膽嘗試「不入虎穴，焉得虎子」之計，主管即然不讓我們網登，那我反其道而行，自己去保險公司應徵，總可以吧！

哈，讀者看到這，會以為我去保險公司應徵，是要背叛公司嗎？當然不是，我用了別人不敢用的險招。掃街太慢，找不到大咖，我決定把我自己當餌，誘出主管，就像我早期做旅遊業一樣，找出里長，找出牛頭領導，只要增員到主管，一票轄下的虎子也全被帶來了；方向不是增一人，而是增一群，這樣不是快多了嗎？當然你本身要有相當的能力與膽識，才敢用此招，免得在外地，得罪了人，遭到不測。我審視自己從外而內，形象、自信、專業、能力、勇氣、過去的輝煌戰績俱足，勇者無懼便付諸執行。

我從網站上找出在應徵業務員的保險公司，從進門到面試的辦公室之間，沿途就有張貼該公司MDRT的人頭像，我至少可在腦海中記下二三個人的姓名，離開時又可記上二三人左右，增員名單就增加了不少，自動篩出個個是精英的增員名單，知道姓名與單位就找得到人了。當我走進了面試會場，面試的人幾乎都是主管，轄下都有十幾個組員。我在他們面試我時，會反問他們主力商品、平均收入、未來的事業版圖等問題，讓他們主管對我產生好奇與興趣，並留下手機號碼，約他們下次在咖啡廳碰面談論商機。這招通常都能如願地約出主管級人物，直接入保險公司徵員主管。沒人敢用的險招，我用得爐火純青。

此外，針對掃大樓時保險業務員通常不在辦公室，我留下電話給留守

的櫃檯小姐，並表明因為我有保險需求，個性龜毛又機車，要她把我電話留給此營業單位每年業績最好的業務員才有能力來服務我，這麼一來，找上我的業務員，自然就被櫃檯小姐篩選出來給我了。依此快速篩出的超級業務員，才是我要的人，我才不做虛工呢。

面對被約出來見面的主管或業務員，我的立場從應徵人員、或從客戶轉變成增員的行銷人員，在兩者的立場轉換之中，話術與態度誠懇的互動非常重要，稍一不慎，可能會被圍毆。所以這個方式，我不敢告訴我們同行的十三太保，因為風險太大了，怕同事用不好被打，因為形象、態度、口氣無法傳承。被我約出來的保險公司主管或超級業務員，在聽過我的來歷之後，都對未來的保險銷售市場，燃起了新的希望，都願意一試。他們先進來我們公司上財經課程，慢慢地相信後進到我的麾下，我也因為這樣，一下子就超越了同行的同事。大家看見我往保險公司增員後效率大幅提升，其他同事也暗自紛紛效仿往保險公司為主、銀行行員為輔的方向前進。開始有大量人員定著後，沒有底薪的挖角保險界精英，並協助行銷，大保單的業績也相繼出現，讓新進組員快速達成MDRT賺取豐厚的獎金後。銀行的理專也在看見後相信，陸陸續續地從兼職到離職，開始有銀行行員的定著，主管也就不再堅持一定要先走銀行理專的方向了。北京分部的規模，終於開始茁壯了起來。約在北京分部設立一年半左右的時間，於當地造成一陣旋風，公司的知名度一下子在北京拓展開來。

公司在北京成功地定著後，開始在中國大陸陸續展開了十三個擴點。擴點之前，均要先到北京取完經、受完訓，再前往各地擴點。公司的分部在這短短幾年期間就遍地開花，成為台灣唯一在大陸定著、發展快速、複製MDRT最多的保經公司，揚名大陸，公司母以子貴，紅回台灣。

回到剛到北京時，和我一同外派的最高主管已屆退休年紀六十五歲，所以他身邊就多帶了一個兒子來接棒。第一批一起來北京的十二位高級主管，有多位均不是他所帶領的團隊出身，對彼此的個性自是不甚了解，所以剛去北京之時，大夥對環境很是陌生，總經理便發起了請吃飯的哲學，拉近彼此的距離。剛開始，他確實拉攏大家團結的心，但相處久了，大夥發覺他帶領的方式產生很多的分歧，又無法接受第一線主管的意見而做修正，更有些不能讓人接受的是習性，導致一起來的幾位台灣主管，陸續受不了他老人家的帶領方式，紛紛回歸到原單位主管的轄下，前調上海，或調深圳原主管單位，或回台灣，當初團結一致分工合作的台灣主管一一離開北京，人人自危，暗自盤算。雖然總經理行事上並沒有針對我，但我看在眼裡，也很不是滋味，暗想會不會哪一天也開始輪到我了。

除了主管的因素之外，還有當時封閉的大陸法令也不是很清楚。我們一下子就打響名號，所謂樹大招風，當地的保險公司個個如坐針氈，害怕自己公司的菁英跳槽到我們公司，更有同仁在外面當講師被有心人士檢舉，被公安盤查禁止演講上課的也時有所聞，不敢張揚。但在我內心裡最恐懼的還不止這一些，而是當時在北京職場裡有個台灣女主管，屬於危險人物，在外面講話、行銷也比較誇大，屬於有風險又不按規定行銷且警告不聽的特殊人物，導致在北京公司偶有大陸不明人士來公司找她算帳、翻桌，甚至她自己的團隊組員也叫外人來公司鬧事，讓我內心很不安。

雖說跟我沒關係，但同是台灣來的女主管，怕找錯人的事件也層出不窮，何況我在台灣也因同公司不同團隊的行銷話術不當，受連累而被告四年，因此十分害怕這次我在北京會不會又一樣舊事重演。一切我看在眼裡，內心非常沒有安全感，想著這一次在大陸，如果再因同仁無知不小心被有心人士利用陷害，導致拖累我自己官司纏身，在大陸被抓進去的風險可能會很高。與這樣的危險同仁在大陸同職場共同打拼，深覺風險很大，雖然無奈，但也無計可施。原來過去在台灣的官司陰影，一直深植在我內心深處，稍一有風險，就讓我產生極度的不安，沒有安全感，未來還要不要繼續在北京走下去的念頭，開始油然而生。經過台灣的官司之後，我擇友的條件也重新改觀，不跟是非之人同進出或同職場，避開麻煩以保名節；這次人在北京，又是個非民主的共產國家，如果這一次再被連累，肯定就更不容易脫身。這強大的恐懼在內心一直揮之不去，成了我離開北京的主要原因。

再者，除了二年內等不到一張確定型的保單來銷售，內部權力的鬥爭與背腹受敵的恐懼，也削弱了我前進的動力。當時對我來說，調職去南京是最好的選擇，因為那邊有我全力相挺的原轄下副總，在南京職場也沒可受爭議的台灣女主管，我可以全力以赴無後顧之憂，也不用再擔心受連累。然而我的組員也感受到我的處境，深怕我和其他台灣主管一樣離開北京，拋棄他們，前調南京。為了不讓組員內心不安定，無法前進，影響業績的戰鬥力，也不想只為自己的前途，拋棄了對底下組員的承諾，在他們羽翼未豐時丟下他們前往南京赴任，於是對組員承諾，要做就會在北京這裡遵守諾言帶著你們，不會為了自己的前途去南京。

我來北京之前，給自己設定的目標是二年要成處、三年成協理、五年升上副總。達成目標後，就領經營績效的一半，在最燦爛的領域下光榮退休，回到台灣管理我最愛的不動產，樂當包租婆，找個老伴，伴我環遊世界，安然閒適地過退休生活。眼看二年期限已快到了，因為各種因素與當地的法令，還有催生的確定型保單也未出世，在二年內成處的目標也嚴重落後，導致我無法如願，試想如果再延後三到四年甚至是一倍的五年才達標，成副總再退休，會不會太老了，也找不到伴了？我心中暗自權衡，既然已明確知道時間內無法完成我設定的目標，那麼我要妥協延後完成目標，還是選擇轉向另創高峰，抑或退休回來台灣當個包租婆？

當我一面努力拼搏，一面在進退之間掙扎的時候，從台灣捎來親生母親輕微中風的消息，沒過多久弟弟也顏面神經方面中風了。弟弟是在母親中風大約三四個月後發病，雖然父親沒有中風過，是心肌梗塞去世的，但是否家族早有血管相關的疾病史，不得而知。適逢過年，我返台全家團聚時，哥哥也希望我儘早回台，畢竟一人隻身在北京，若有什麼突發狀況，也沒人來得及照應。況且如果早就不缺錢了，還要一個人在北京賺得這麼拚命嗎？放下台灣豪宅舒適的環境不住，去北京呼吸汙濁空氣喝不良的水質，為了增員走破幾雙鞋，若累倒了，最後成就也拱手讓人（指轄下帶領的團隊），難道這是我最後期望的目標嗎？那是我辛苦了大半輩子之後，最終想要的結果嗎？逼著我去思考未來長遠的方向。

那年過年回到台灣團聚，除了考量親人身體的情況、大陸內心怕被拖累的恐懼事件之外，還有一個主要關鍵因素是兒子。兒子在過年後想換工作，他之前是讀開平餐飲學校，畢業後一直從事二廚的工作，剛好有人欣賞他的工作能力要挖角他，希望我可以趁著回台灣的時間，幫他審慎評估他想跳槽的餐廳環境與前景，還有老板的理念等，兒子遂介紹老板和我見面暢談。沒想到，一談完，兒子沒過片刻，就馬上詢問我的想法，我分析完後，回答他：「你才十九歲，可以多跳不同領域學習更多，而且老板很正派，環境、人員也都單純，你去那裡不會學壞，我也安心。」他竟然很開心地回我一句話：「那樣我就放心了，我明天就去上班。」當時我內心著實嚇了一跳，代表我在兒子的心目中是這麼重要，兒子會等我評估分析完，才敢轉型西餐，安心去上班。那如果我回去大陸後，長年人在大陸，他需要我時，而我不在身邊呢？這時的我，突然內心沉默了，雖然兒子並不知道我內心的反應。

頓時回想起他十七歲的時候，跟別的小孩一樣，都有叛逆期，叛逆期的小孩跟父母親都沒有話說，只聽朋友的話。當時他的父親再娶的大陸阿姨告訴他父親，說懷疑他有在吸毒，他父親找上我，要我想辦法斷絕他的朋友與戒毒。我私下問了人家，如果在台灣他被抓去戒毒，那就代表他有前科了，還會影響他未來的前途發展。因為只是懷疑，也沒確定，又怕揭穿了被他跑了，或真沒吸毒是被栽贓，以兒子的火爆脾氣可能更為火大，所以那一年我也只好在百忙之中放下工作，當務之急是想辦法確認這件事。

當時他的父親在大陸南通，我趁著過年前到過年的這段長假，把兒子騙到大陸去，藉著把他關在大陸的機會觀察他是否有吸毒。如果有，就先斷了朋友，也斷了貨源，並自行在大陸幫他戒毒；如果沒有，我們也就此安心，讓他在大陸待一段時日，斷絕不良朋友的往來。我怕沒有人管制得了兒子，所以由我帶著兒子到大陸。那時候他的父親在公司附近租了一間房子，有二間房，一間給我們母子住，一間是他自己與再娶的大陸老婆。這個組合同住在一個屋簷下，很奇怪吧？更離譜的還在後頭。因為兒子、前夫還有我自己，當然是習慣吃我煮的三餐，而我去到南通和兒子人生地不熟，賦閒在家，唯一可做的事，就是一起到附近的市場買東西回來煮三餐。白天前夫上班，晚上會回家，同屋簷下不可能只煮給我和兒子吃，所以就是前夫與大陸妹、我和兒子四人共同吃晚餐。為了兒子，我在大陸是不是像極了他們家的台傭煮飯婆，現在想到，還真感到委屈。

兒子說對烹飪有興趣，於是我連絡上一個上海的乾妹妹，幫兒子打聽大陸烹飪學校的就讀條件，約了一天，從南通搭公車，轉火車到了上海，去了解上海烹飪學校的情況。結束準備從上海返家時，已是快晚上六點多了。快過年了，火車站返鄉的人潮特別多，多到人山人海。我隻身一人淹沒在車站之中，周遭謠言四起，一下子聽到火車因下雪太厚不開了，一下子又有人說往哪裡也不開了。車站擠滿了人，進退兩難。我當時好害怕好害怕一個人回不到南通的家，被孤身遺留在車站，在大陸陌生的人群中過夜。那是我長大後，第一次感受到真正害怕的感覺。時間越來越晚，天氣越來越冷，我不死心地慢慢擠到車站前面，確定是否有車可坐回南通，後來皇天不負苦心人，總算又開了一班，還好我有擠上車，總算安全地回到南通的租屋處，那時已晚上快十點半了。那是我在大陸，第一次深刻感受到害怕的心境，但要說起以下事件帶給我的恥辱，又不算什麼了。

台傭我本人在南通幫前夫與大陸老婆做飯的日子，很快就到了除夕夜。那天下午約四點多，前夫捎來電話告訴我，今晚我不用煮了。我以為他良心發現，要帶大家去餐廳吃，結果約莫六點左右，他們工廠同事開車來載我和兒子與他的大陸老婆去餐廳，一大桌不是只有我們四個，而是外加一對帶著一個孩子的廠商夫妻（均是大陸人），還有一位帶著大陸女朋友的同事，剛好一大桌，一起吃年夜飯。離不離譜？見面吃飯喝酒的同時，要不要介紹檯面上的人是誰？他敢介紹我是誰嗎？有可能介紹我是前妻嗎？當然不敢，所以跳過不用介紹。除夕夜沒回去和家人團聚，一起出來吃飯又不用介紹的會是什麼人？副廠長家裡的傭人吧！桌上四個女人，三個大陸女人操著大陸腔，嘰哩呱啦地談笑風生，不想說話的我，不是傭人是什麼？

當時我回想起，前夫能夠有今天的局面，當上副廠長，也是拜我所賜，而現在坐在我面前的大陸妹則是副廠長夫人，我這個人反倒是扮演副廠長家的傭人。我難過到好想挖個洞跳下去躲起來。苦的時候有我的份，訓練好的副廠長老公有成就後都是別人在接收，我辛苦創立的家都是別人在享用，人家都可以不勞而獲；辛苦的都是我，享福的永遠是別人，我不過就是一個被利用殆盡就過河拆橋的可憐之人。我好想立刻翻桌跑回台灣，但是我想到他們說除夕夜叫不到計程車才叫同事來載，剛才匆忙出門，也沒拿到租屋處的地址，根本不知道我被載到哪裡的餐廳。我從來沒有想到我的前夫可以摳門到連除夕夜都讓別人請客，也不願意自己花錢請我們吃飯，哪怕是那樣的情況不方便和外人聚餐，也會如此安排。是不是太誇張了？

以我當時的財富，不止我們這一桌而已，真的是可以霸氣把整間餐廳所有在場客人的帳單全付了都沒有問題，沒跟他翻桌，還給了我前夫副廠長與夫人大大的面子；為了我的兒子，我有需要這樣子嗎？一瞬間我不知如何變潑辣，不知如何上演歇斯底里的把戲。從小到大、到老，所有的苦、所有的委屈，我都習慣隱忍而過，習慣自己吃虧，苦在心裡不說。大家覺得我很厲害、很強，是個女強人，但那都只是表面的武裝。我不知如何做沒有水準的事，好想潑婦罵街，好想不顧一切翻桌，但桌很大，也翻不起來。我只能選擇視而不見，給前夫面子，忍到最後。待他們同事開車載我們回到家，下車後，我嚎啕大哭地回到租屋處。

當下兒子深深覺得對不起我，抱著我一起哭。為了兒子，那是我第一次除夕夜沒跟家人過，在大陸被羞辱得徹底，也是從高中畢業到如今，唯一初一沒回南部跟結拜的朋友聚餐，也是我這一輩子最恥辱的一次除夕夜。那一夜，我邊哭邊罵兒子，都是為了你，為了你，我才來這受屈辱。看著他倆用我過去犧牲的一切，換來快樂的嘴臉與今日的成就，呈現在我的面前、在眾人的面前，還在這除夕夜裡重重地羞辱我——在我隻身害怕顫抖著逃離上海火車站後，又陷入了人生最羞辱的場面。不知我上輩子是招誰惹誰了，今世遇見的人，全是冤親債主……我受夠了！兒子也告訴我，他沒吸毒，是阿姨亂講的。我相信兒子，也無法繼續看著那對狗男女。我受夠了，我這一生受的苦，受的折磨夠了，我不想再為任何人自取其辱。我一刻也不想停留在南通，我只想回台灣。兒子也明白，答應我，他不會再學壞，不會讓我再這麼樣地擔心難堪了。我訂了可以最快的飛機票回台灣，不然兒子沒吸毒了，我早也已瘋了。這是我這一輩子，第一次這麼大聲地嚎啕大哭，淚流不止。這是我一生中感到最為恥辱的時刻。直到現在，我只要再提起那段過往，眼淚都還是忍不住在眼窩裡打轉。後來兒子半年後回到台灣，我協助他去讀開平廚藝學校，完成他興趣的心願。

這實在是不堪回首的一段，但我還是鼓起勇氣把它寫完。雖然事隔多年，每當我回憶起這段依然淚流滿面。寫完這段，也頭痛到無法再執筆寫下去了……。

這一切的一切我都撐過來了。撐過了這一切之後，最後人生目的到底是什麼？成就自己的人生目標；證明自己可以帶領多少人的團隊，賺多豐厚的組織財；證明自己該有多大能耐，對未成功的大陸夥伴有所承諾，怕離開對不起組員；對不住自己的目標……然後呢？我不斷思索未來的打算，這些真的是我想要的嗎？不斷地捫心自問，顯然不是。

人生上半場逃家為自己前途找出路；中半場拼博創造無限財富，也已夠了；下半場兒子已長大，正是和自己當年十八歲逃家時差不多的年紀，當他不知往哪裡走時，親人不在他身邊，那跟沒親人有什麼兩樣？我頓時回想到小時候的我，那個無依無靠的小女孩——我忍不住哭了，在車上哭了很久。

這時我內心響起了聲音，責備我眼中只有自己的事業，只有自己的成就。為什麼當年倒會時沒跳機德州，沒跟著去上海享福，不就是為了兒子嗎？一路上追著錢跑，一路上不斷遭遇困境，在這反覆跌倒又站起來的日子中，為了錢疲於奔命的我，早已忘了兒子的存在，忽略了兒子的未來人生。這麼多年以來，我從來沒注意到兒子和前夫住在一起，相處得不是很好，因此並不信任對方，也不知兒子在面臨人生抉擇的時候，內心是多麼地惶恐不安，期待身邊有可信任的人，或可信服的人，可以跟他商量，跟他分析利害得失，指引他更有安全感地走每一步。我要選擇給大陸的夥伴安全感，還是選擇讓自己唯一的兒子有安全感？我是否都只專注在自己事業上的承諾，成就別人邁向成功，當別人的貴人，卻忽視了自己的兒子？他才是我最重要、最重要的責任，我欠他的是那份殘缺的母愛。內疚之心油然升起，久久揮之不去。

我又回想起，過去倒會很窮時，兒子才七歲，沒去美國德州，沒跟著台商朋友去上海發展，都是顧慮他還小。他的父親是個不會溝通與教導的人，怕我不在身邊小男生會變壞。就因為他還小，需要我在身邊照顧，所以我只好留下來面對眼前的一切難關，面對之後一一解決，才能擁有今日蛻變的我。

兒子六歲時去攝影棚拍的紀念照

我終於明白，當年懷他時，長庚中醫不要我拿掉這小孩，說「貴子」不可拿掉的用意，原來都是真的。如果找得到這貴人，真是要好好謝謝這位中醫醫生，這位中醫醫生無疑是兒子的救命恩人，沒想到也是我間接的貴人。

剛好這次回台灣，當年在做旅遊時認的一個阿爸，說太久沒見了，要我去吃飯。我倆談到人生的轉捩點，要面臨抉擇，阿爸隨即帶我去見他有

通靈本事的姪子。結果姪子通靈的結果，說我前世欠北京那個主管的，我要任勞任怨再做兩年還他再回台灣，一切才會好。「哇哩咧」！我這人是這樣的，不會主動要找算命或通靈，但如果適時遇上了，也不反對，去聽聽也無妨，如果聽到好的，就相信更有信心地全力衝刺，但是聽到不好的，我便想推翻，就照自己的主見，更加倍努力來試圖改變未來的結果。我一直相信自己是個很有能力的人，堅信我在台灣真要認真做事，不會輸在北京的，於是當下就決定，遇到冤親債主知道了當然是要逃，哪有可能任勞任怨再做兩年給他，我才不要咧！

為了避免後悔，我隔天飛回北京上班時，一大早就和主管面談回台灣之事，也為了對大陸夥伴的承諾，把我二年來假日在咖啡廳裡埋頭苦幹，找尋大陸富豪從風光到殞落，如何透過保單的結合做資產的保全，讓自己人生有機會再一次重生、東山再起的案例做結合，製作成行銷夾，成冊並製成VCR。離開北京前約軲下組員上課，全程解說剛出爐的自製財稅版本，並錄音傳承給大陸的夥伴們，以使我離開北京，依然有錄音檔可以傳承，教導他們如何行銷財稅保單。將透過說故事結合案例就可以成為當地保險界MDRT高手的祕方一一傳承後，我才離開北京。返台前，慰勞一下疲憊不堪的心，先到西伯利亞貝加爾湖旅遊（北京直飛才三個半小時，

怎能錯過？），再把所有資源帶到南京分公司，由南京租車出發續遊普陀寺、千島湖，上黃山，下溪地，再到周莊、烏鎮，一路上整整玩了一個半月才甘心飛回台灣。

在我返台一年後，身為首席精算師的董事長和當地保險公司合作，設計出利率固定、適合中國環境做退休規劃的儲蓄型保單。這張保單在經過國際認證、國外再保、責任準備金提撥等繁瑣流程後，終於出爐，是可在大陸販售的唯一確定型保單，可當退休保險來規劃，而且只有我們公司獨賣。此保單一出，公司在大陸除了業績大爆發並人員拓展迅速，十三據點幾年後遍地開花，公司在短短幾年中達成全中國大陸MDRT第二高的里程碑式成就，這期間公司副總也多次邀約我返回大陸開拓新點，我也因為對北京組員的承諾，一一回絕，有人問我，我才差一年，沒能搭上這班財富列車，會不會後悔？但我不後悔，看到同事們個個在大陸如火如荼地開拓事業，也很替他們開心，因為大家真的都很辛苦，才擁有這一片天。「凡事感恩」，一直是我個人的行事作風，善良的印記。也感恩董事長曾經給我這個磨練的舞台，讓我有機會參與這樣子的盛會。

2013年8月，我決定返台先休息了一個月，準備過過優閒的退休生活。適逢快中秋節了，我們家族在三大節日中都會團聚在一起，哥哥這次安排在台中。沒想到哥哥知道我這麼年輕就要退休，覺得太誇張了，問我是否可以到他們公司上班。哥哥開的公司在台中是知名的土地開發公司，我想台中東西南北都搞不清楚，怎麼做土地呢，便回絕了。沒想到這次哥哥出高招，把他在七期的招待所樓中樓的房子給我住，還每週找人打掃居家。如此高規格地款待我，讓我受寵若驚，就沒馬上回台北，在台中玩了幾天，就去哥哥公司走走，上班看看，不小心就上癮了。不過就是找地主聊聊天，比我做保險還容易。做保險是一亮名片客人就拒絕逃了，或築起高牆說不需要，做土地開發的遞出名片，地主不但不會逃，還願意和你聊天。與人聊天本就是我的長項，所以這令我更有信心，有可能能把這行做好，不小心就在台中土地界打開了我的另一扇門，不小心創造了讓人跌破眼鏡的成就。

退休之屆，不小心又進入了土地界，依然有非凡的成績。

第十二章：回台退休之屆，不小心闖入土地界

從北京回來台灣後，2013年的九月二十二日我正式進入土地開發有限公司上班。對19歲就一直住在台北的我來說，台中是個相當陌生的環境，再加上完全不熟的工作，沒有導航我根本回不了家。 條路好幾個名字，這是跟台北最大的不同。台中天氣太熱，讓我實在很不習慣，在台北生活了二十八年，我還是習慣台北冷冷的天氣、濕濕的空氣。從北京回來前，在大陸玩了一個月，回來台灣也玩了一個月了，開始無聊了，索性讓自己試試看，是否能成功跨領域進入土地界。

壓根沒想到自己會在想退休之際來到台中，還進入了土地開發這行業，既然決定再進入職場，就要做到專業。我知道我的起步比別人晚，我知道我的地緣關係比別人弱，深知在這一行，我除了是張白紙之外，還對台中的環境地理位置，甚至於路名都不熟悉，怎麼做土地，怎麼跟人家競

爭，怎麼立足？說來好笑，連回到有名的七期的家，都要靠Google帶我找到家。但「想都是問題，做才有答案」的理念，本來就一直深植我心，為了想要更快了解台中房地產的行情，假日放假時，通常都是我掃街的時間。當時就特別注意到一些建設公司品牌的問題，相同的地點，因為建設公司品牌的不同而價格懸殊，這跟台北的房地產很不一樣。

進來公司二個月，我就誤打誤撞地成功整合了一個大案子。第一個整合完成的案子，就是現在「精銳Fun未來」的位置，西屯路跟弘孝路還有寶慶街三面臨路一千二百多坪商三的土地，共成功整合了二十五間四樓透天、十三間西屯路的店面，一條假扣押道路地、一條假處分道路地，也一一被我耐心解決所有擾人的問題。此案剛開始二個月整合將近五百坪左右，能在短期間有這功力整合成功，取決於大哥與大嫂的提攜教導，再加上我這新人敏銳的觀察力，才能有此成就。尤其是兼師父的大嫂，當時我們幾乎每天中午吃飯都在討論案子的進度與細節怎麼突破，晚上我也把握可見到地主兒子的機會，鍥而不捨終於成交。後來隔壁的店面也想一起整合，索性就再擴大出去到一千二百多坪。這個案子讓我在土地界大大增加信心，也是我得以確定不會再回台北，終將定居台中的重要指標，更創下了公司新人成交如此複雜整合案件與突破了合照可以拆照的先例。

剛上班的時候我每天都跟著哥哥學習，哥哥只有晚上吃飽飯才有空，所以我們兩個每晚在公司都到十點多十一點左右，才關上公司的門回家。除了認真學習之外，還發覺公司的同仁大都定著了很久，台中大部分的土地已都有同仁在經營了。我思考了一個問題：如何跟別人走不一樣的路，才不會踩線，才能有不可被取代的地位？所以我開始走向整合。困難的整合、多人的整合、問題土地一直都是我想做的方向，但是這每一個案子接了，都要兩到三年才能夠完成，萬一沒成功，也就做了白工，除了浪費時間又沒錢賺，這是許多仲介不敢介入的原因。但在我眼中看見的不是劣勢，反而是優勢，因為就要如此，才可以讓我不受干擾地得以一一完成。

在我的觀念裡面，難的就是簡單，簡單的就是難的。怎麼說呢？難的沒人敢介入，堅持下去一定是你的；簡單的，就是有很多仲介守在地主身邊，陪爬山、陪泡茶、陪唱歌、陪跳舞、陪喝酒，再比少收服務費，舉凡所有地投其所好。我實在不想浪費時間巴結這樣的地主，因此對我來講，反而不是簡單的，而是困難的。甚至於服務費因惡性競爭少到可憐，反而無法提昇自身的工作價值。於是挑戰越是困難、越沒人敢做的，我還能成交，反而是我成就感的來源。有人說「你會不會太自虐了呢？」我不這麼認為。見到那些地處於精華地段但環境不好、雜亂不堪的破碎土地，能夠在我的堅持以及不畏艱難地巧手整合下，有如仙女棒一點成金般變成黃金地，讓環境更好，讓土地可以活化，讓更多人可以享用，很令我感到欣慰，也很有成就感。每每經過我整合起來的土地，看見落成的建案我都引以為傲，並以此來惕勵自己。

值得一提的是，回來台灣兩年左右就意外地得到紅斑性狼瘡。當時的我，覺得自己身體強壯得很，怎麼可能得到這種病呢？我曾經怨天尤人，認為自己一生挫折不斷，才剛回台灣準備退休享福，竟就得到這個沒藥醫的病。我曾經問蒼天、問菩薩，為什麼要讓我在得以享福之際患上這種病，善良的人，沒做過壞事的人，最後竟不得善終。我開始沉靜思考自己的未來，也做好最壞的打算，開始整理好自己所有的資產，整理好自己的保單，寫下遺書。

這段時間感謝同事的分享，讓我接觸了許添盛醫師的CD，帶著我找到引發此病的病因，進而接受自己，放過自己，不再給自己過多的壓力，懂得愛自己，引領我走出紅斑性狼瘡的陰霾並與它和平共處。和此病和平相處的同時，我發覺只要我睡眠充足就不會發病，無疑是強迫我接受睡眠的重要性。

我年輕的時候，身兼四職，總覺得睡眠是浪費時間，所以十幾年來一直都是凌晨二點半才上床睡覺，七點就起床，睡眠一直都維持只有五個小時，所有時間都用在工作、研究分析，縱使現在已財富自由，但也沒能改變作息。後來我轉念仔細想想，這種病屬於免疫系統出狀況，免疫系統有很多病症，如果我得的是類風濕關節炎，我就沒有辦法環遊世界，這麼愛玩的我，就會覺得生不如死。菩薩知道我很愛美，如果睡眠不足，我的臉上就會長出紅斑並且癢得要命，沒有辦法上妝出門見人，唯有讓我得到這種病，才有辦法強迫我改變睡眠的時間，提早上床睡覺，才會有健康的身體。天啊，原來菩薩藉由這個病症強迫讓我多休息，清除我腦袋對睡眠不對的思維，藉此病強迫我調整睡眠的時間。只要我睡足了，就可以跟它和平相處，不會發病。原來所有的發生都有其必然要你領悟的點。我花了將近一年的時間，把睡眠的時間慢慢調整到十點半左右就睡，病漸漸地好了，不再復發。

原來轉念竟然可以讓人產生「抱怨↓接受↓感恩」的轉變。一切都在轉念之間。如果你懂得「轉念」，你就可以從轉念之中得到更多的收獲。領悟人生的因果，懂得愛自己、懂得轉念之後，我的睡眠充足，身體更加健康，多年來也沒有再發病。

進入土地界一年多以後，我繼續奉行先前一筆錢兩筆用的投資方法，用保單借款來投資房地產，又因為兒子已滿十八歲，當初用兒子的名字買的保單在借款的時候，都需要兒子簽名。每次叫兒子來簽名的時候，都會順便和兒子分享一些投資的觀念，兒子就發現為什麼每次媽媽投資房子的時候都有相當大的獲利，因為常在身邊互相溝通，也懂了媽媽的一些投資房地產的技巧。

兒子在開平廚藝學校學中餐廚師，畢業後在廚師界一直很穩定，也跳了幾次槽。每跳一次槽，師傅都會反問他爸爸媽媽所做的工作，每個師傅都問他為什麼不去跟媽媽學房地產，他就說是興趣在廚師，每個師傅都說：「哇！那你爸媽很尊重你呢，你喜歡做什麼就做什麼，不會強迫你學什麼。」跳了幾次工作職場，終於有一師傅告訴他，自已年紀已四十幾歲了，又有妻小要照顧，很想學房地產，但會擔心轉型當中沒有收入，會影響他的生活，所以已不可能再去學房地產了，並告誡他趁年輕的時候有機會接觸房地產就該去學，這時候他才思考，未來是否會一直走廚師這條路到退休。於是他藉機去問最上面資深的六十歲師傅的收入是多少，他算一算也不過年收入將近九十幾萬，想一想媽媽好像每次的投資都超過這些，於是開始思考，未來是要繼續走興趣，還是以賺錢為目標，想趁年輕追著錢跑才對。他鼓起勇氣想轉型，找我討論說他可不可以來台中學做業務，我回答他：「我不了解你的工作態度，我也不了解你的生活習慣，但我給你幾條方向，你自己審視看看自己適不適合做業務，再考慮是否轉型。做業務員的特質，除了專業之外還要有：

（一）必須要有打不倒的精神。

（二）必須要有罵不走的臉皮。

（三）還要有適當的應變能力。

（四）對自己時間管理跟自律的能力。

（五）對工作態度，與學習專業的敏感度。

（六）你有多少存款？學習當中沒有收入時，可以度日多久？我可不會給你金錢的資助。

這一些都是業務員須具備的基本能力。你先審視一下你自己有否這些特質，如果沒有，做業務很難成功，兩個月之後，你再告訴我你的審視後的決定，我再給你方向規劃。」

結果兒子不到一個月，就跟我約見面討論，他決心轉型當仲介的業務

員。當時的他體重一百多公斤，除了形象不好之外，還給我很懶散的感覺，我其實是不看好的。但是早年我預設立場，放棄了演藝圈的夢想，為了不讓兒子有同樣的遺憾，我決定讓兒子嘗試看看，因為他最大的本錢就是年輕，當時才二十二歲，如果二、三年學不來再回去做廚師也不過二十五歲，應該讓他試試，免得未來抱怨我，於是先安排兒子去住商不動產先從房屋仲介做起。

那時剛好遇到政府打房，房地產非常不景氣，兩年都成室息量，那兩年台灣全省也倒了兩千多家房仲公司，他在房屋仲介公司竟然沒賣到一間房子，但是他還是撐了下來。原來當時他覺得賣房子很難，就做出租跟代管，竟也讓他能夠撐了兩年，沒跟我借錢。撐了兩年沒陣亡，之後就轉進我們公司學習做土地，進來又混了一年沒成績。眼看我先前內心設定容忍的三年年限已到，於是告誡他再給他一年時間，不行就回台北當廚師。果不其然，在我設下最後通牒，再私下託舅舅、舅媽嚴格逼迫追蹤，我也堅持要求他不學別的，就學整合土地，終於把不受教、懶散的兒子，硬是雕塑成材，整個人的工作態度一百八十度大轉變，現在已成為公司整合土地的大將。深感欣慰，在此更要特別感恩有舅媽的盯梢，追蹤教導，兒子才有今日的成就。

回來台中定居的這八年多以來，最覺得欣慰的一件事，就是帶領兒子成功地從廚師轉型到房屋仲介，再晉升到土地仲介，之後再度挑戰轉型土地整合也小有成就，勇於挑戰七十位甚至百位地主的整合，也無懼承接這類的土地，成功地周旋在這些問題土地上，耐心地一一排除所有問題也不覺得辛苦。我教育兒子在年輕時就先學困難的整合土地，從最困難的整合土地著手，學會了困難的，簡單的就一定會。趁著年輕沒家累的時候，開始訓練人性的堅持、不挑件、不抱怨，以勇於挑戰別人不敢做的土地為目標。

我慶幸當時決定放棄北京的一切回台灣，硬是改變了兒子的未來，讓兒子想轉型時有安全感地跨出每一步，漂亮地成功轉型。過去一直在成就別人，現在是成就自己的兒子，因為身邊除了有我的教導與協助，還有舅舅和舅媽環境的造就與技術的提升跟鞭策，造就一個成功的兒子。我為自己的選擇感到欣慰與無憾，因為我深深地覺得成就一個成功的兒子，比自己的成功更顯重要。

在整合的土地當中，常常發生一些不可思議與異常的事情，甚至神蹟顯靈，終將圓滿，這讓我走在整合這條路上更有信心。雖然每每成交一件大案子的時候，總是搞得當地的里長一定認識我，整條巷子也幾乎認識

我，哈哈。因為不是被罵，就是被恐嚇，但也打退不了我堅持整合成功的決心。除了打不退、罵不走，還耐心堅持地說服每位地主，直到成功才作罷。說實在話，真不是人人能做的。但我就是要做別人不敢做的，做別人整合不了的土地，因為如果別人不行，我還能整合成，那才叫「成就」。我也一直是如此要求自己，這一直是我在土地界成就感的來源。

來台中約8年多期間，陸續整合完成巨作的區域：
有西屯區、北屯區、南屯區、南區、烏日、龍井等

這些均是多人且多塊小碎布縫補成一大塊西裝布，才得以蓋大樓的土地，硬是把三角褲的價格變西裝布的價值，成功地縫合、創造土地價值，進而提升土地價格，創造社會環境、地主、建商、仲介，四贏的局面，這是要求完美龜毛的我，必然要求的結果。

期許自己能夠擁有更高的智慧，讓自己在處理問題土地時，更能夠貼近地主的心，讓地主、建商歡喜信任。更期許自己能繼續朝目標邁進，能巧手整合台中荒廢的土地、破碎的土地，將其「點石成金」變為閃耀的黃金地。雖在台中只有八年多的短短資歷，但在土地界也擁有小小的成就。

達成目標沒有偶然。

幸運來自於不斷的努力
運氣來自於不斷的堅持
勇氣來自於不斷被拒絕
成交來自於不斷去說服

光鮮亮麗的背後嚐盡多少淚，須承受極大壓力與挑戰，不為外人知。

人生的路上，總有面對迷惘時、停頓時、生病時，不知該往何方、該往何處走，不斷地考驗著每一次的抉擇。每一次面對選擇時，年輕時沒做過業務的我，總打安全牌，結果依然失望收場；現在的我，總挑具有挑戰性的選擇，竟然收穫滿滿。試想這挑戰之路即是接受到過於常人的經歷，在這過程中即便目標沒成，也能訓練出自己超乎一般常人應變能力之能耐、想法、做法跟柔軟的身段與親和力，絕非正常人之所及，自然而然可以期許自己成為人中之龍鳳。

人生的結果也因你的選擇而生。想要追求事業上的成功，得有相匹配的努力與強大的自律。如果你還年輕，請不要輕易地放過自己，我常掛在嘴上的名言，「時間花在哪裡，成就就在哪裡」。

所以「選擇」這詞是人生最重要的字，也是導致結果最重要的「因」。在我的觀念裡，我一直逆向思考，不被「因果」左右，而是導果為因，採取「果因」思維。先設定好「果」的目標，再思考做哪些「因」，必然能夠得到自己想要的「果」。這一直是我設定目標的行事風格與思維，有別於順其自然的「因果」先有因才有果的方式。

世界華人龍獎9面金牌

我在保經公司學到一句話：當你還沒成功的時候，現階段要做的是你「該做」的事，而不是你「喜歡做」的事；當你已經功成名就、圓滿、財富自由的時候，你才可以選擇做你自己「喜歡做的事」。讀者的你，現在是介於什麼階段呢？請你做對選擇喔！

第十三章：生前告別式

如果你有機會在生前，自己籌辦一場生前告別式，你會如何看待呢？你希望哪些人出席典禮，又該如何闡述看待自己的一生呢？我認真思考過上述的問題。

有幸在二〇一七年三月上了一個叫「生死療癒」的課程，了解上帝送給每個人生命最終的禮物，都同樣是「死亡」，能夠提早接受、面對、處理並有機會製作自己的生前告別式，是個特殊的經驗，多好。大部分的人死亡之後都是任其下一代處理，自己沒有主導權，不是照自己的意思來舉辦，實屬遺憾；而我的生前告別式則有別於此。雖說是生前告別式，但我想用死後告別式的方式來完成，並通知兒子出席，因為在我死後必須照此執行。

我還在腦中幻想這場告別式：會場佈置不用太過鋪張，最好能營造出社交酒會的氣氛，侍者接待時，會奉上我過去批發過的洋酒，懂的人會露出會心的微笑；那些過去愛護我和傷害我的親友，如果都還健在，應盛裝出席，觀看我自己製作的影片，影片會用一段幽默的獨白，當作開場，謝謝他們的傷害因此成就了我，對我也算紀念。

我的告別式

第一幕：開場白

感謝今天與會的來賓，百忙之中來參加榛林的生前告別式。跟死後告別式一樣，在這充滿感恩的殿堂裡，謝謝你們這些亦師亦友的朋友們。與會的來賓裡面，相信有愛我的人、討厭我的人、傷害我的人、成就我的人，哈，謝謝你們活得比我久，才能在盛會中出席，送我最後一程。謝謝人生中有你們一路的打擊傷害與照顧陪伴，才讓我擁有這精彩的人生不留白。我沒遺憾地先走了，不須感傷，因為代表我人生的使命已完成，希望不再乘願而來。在這裡，由我唯一的兒子一一答謝大家，謝謝大家能抽空前來送我人生最後一程。榛林在這裡化作一道青煙，只能留下一書《轉念創造無限》激勵兒子，也與讀者分享，盼能為社會留下最後的貢獻。

第二幕：回顧我的一生

在生前告別式中用簡短的方式回顧我的一生：

熟識的朋友都覺得我是逢九必轉，是「九命怪貓」，因為我的生命裡，每九年就會出現一次劇變……

九歲父母離異，一覺醒來，母親不見了；

十八歲絕不向命運低頭，逃家成功，隻身前往台北發展；

二十七歲選擇安全的婚姻，依舊離婚收場；

三十六歲被情同姊妹的摯友倒會，背負巨債；

四十五歲離鄉背井，隻身去北京打天下；

五十四歲前精彩的一生，化做文字，出版這一本書，
藉由「轉念創造無限」的精彩人生。

常覺得自己的人生，像是過去八點檔編劇筆下的情節，主角一路上都要面對種種困境，不知道還有沒有下一個九年，亦或下一個九年能否寫下更美好的結局呢？

第三幕：四道人生：道恩，道愛，道謝，道歉

道恩：父親

親愛的父親：

雖然您遠在天國，但我還是要謝謝您，謝謝您扮演這麼差勁的父親角色，讓我從小就知道負債有多無奈，得以下定決心，今生一定要有錢，謝謝您從小讓我遭遇夜半就要逃跑的夢魘（就因為付不出房租），讓我在幼小的心靈就許下人生一定要有兩間房，一間用來住、一間賣來花（窮怕了），造就了我，存小錢、花大錢，就是愛買房的好習慣，也讓我創造了人生的奇蹟，激發我無窮的潛力，雖然我沒有正常的童年回憶，只有不堪回首的記憶，但是這些磨難，均造就了我不願向命運低頭的堅定，也因此成就了我未來精彩人生的基石。謝謝您，親愛的父親，我從來沒有如此的稱呼您，是您的磨練，造就了不平凡的我，謝謝您。

道愛：前夫

謝謝你送我一個寶貝，過去你，曾是我的李查吉爾，謝謝你，今世與我結婚，扮演這臨時的男主角，讓我在人生這條道路上得以經歷結婚、生子，得以體驗到做媳婦、老婆、媽媽，在人生的路上，每樣角色都不曾缺席。如果欠你們王家一個香火，今世已還，來世不再糾纏。緣起緣滅，人生不就如此，我堅信凡事都有最好的安排。

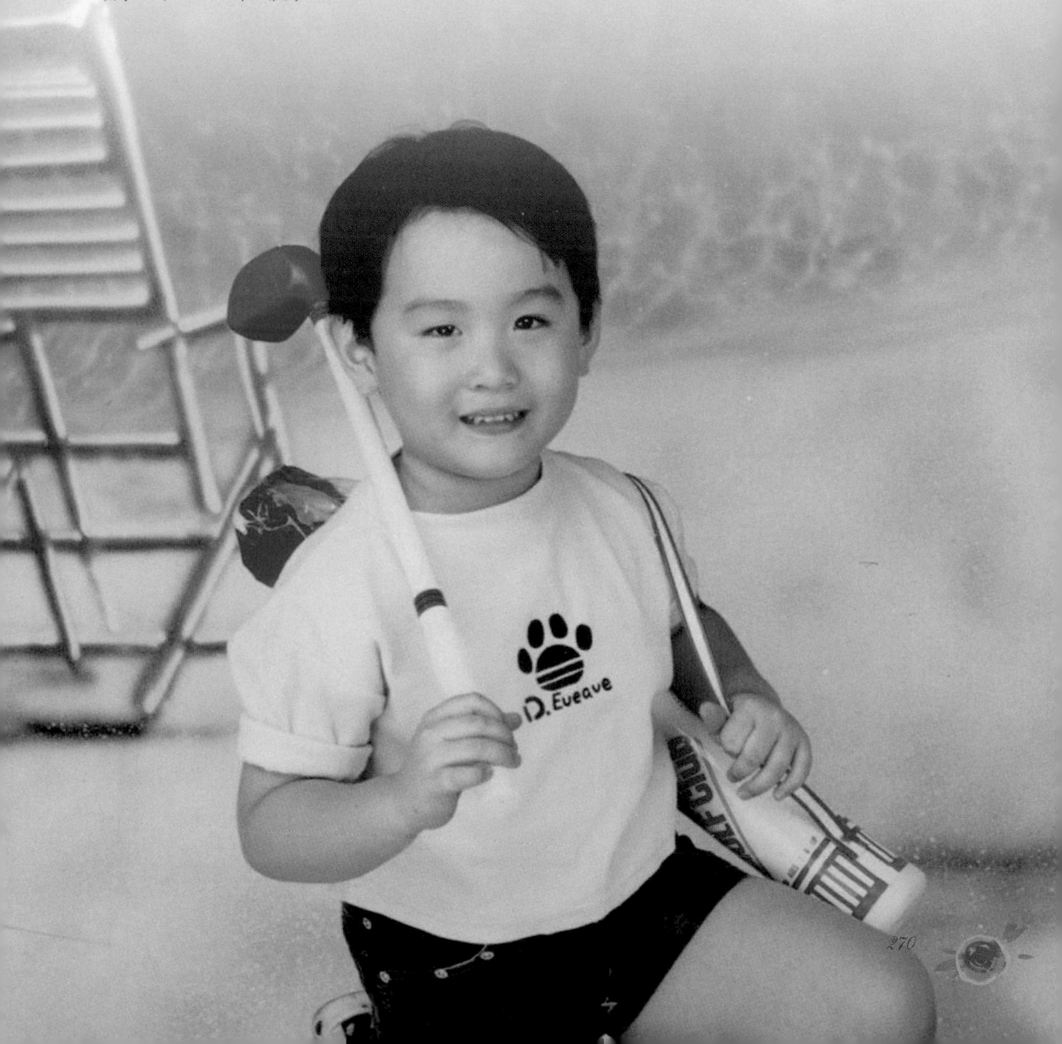

道謝：唐老鴨

謝謝你在我人生再次跌落谷底、最脆弱的時候，有你陪伴、一起渡過，否則我一定過不了這一關，謝謝你在我情緒走不出來的時候，帶著我上山、下海、喝咖啡、教我跳舞、打球、出國去度假，讓我抽離官司的陰霾，讓我再次突破人生的高點，再創高峰，成為公司唯一被誣告的業務員（大多數都禁不住憂鬱症或退出職場）還能每年不間斷地達成MDRT美國百萬圓桌會員，成為公司的傳奇人物，亦成為公司的標竿，造就一個更不平凡的人生，達到更高的境界。讓我大聲說聲：謝謝你。

道歉：胖胖虎

謝謝您在這十五年的任何時刻，都不曾遺棄我。縱使我不曾回頭，您依然都默默地守在我身邊，在我隨時都可以看到您的地方守候著我。

為了不再、確定不再傷害您，我選擇了只能拒絕你的愛。

這一輩子，如果說還有虧欠的人，我想也只有您一人了。

在這人生不管生前或死後，我都想對您說聲抱歉：對不起，真是對不起您了，人生當中有許多得不到、求不得，真是謝謝您對我的好，讓我用別的方式再來還您。

第四幕：回顧人生的遺憾

一、未完成事業MDRT十年終身會員，只完成連續九年九連霸

二、曾有夢想進入演藝圈成為千面女郎，如今錯過了夢想

三、感情婚姻的美滿，沒通過考驗，依然離婚收場

審視一生當中，對自己的要求標準

過分的要求自己
過分的要求完美
過分的要求成就
讚美、掌聲、不斷的領獎，
「優秀」只不過是對自己基本的要求
追求「卓越」才是我終極的目標，
不斷的突破創造奇蹟，才是我鞭策自己，所追求的人生，
即然選擇不怕冒險，挑戰極限，不斷超越巔峰，
就是要成就不一樣的人生。
學會逆風前進，迎接阻力

倒了→爬起來就好
累了→睡一覺就好
傷了→舔舔傷口就好
痛了→結痂掉了就好

你要哪樣的人生，就要那樣的選擇
有些結果是必然，接受就好

一直深信努力不是為了討好別人，更不是為了被別人稱讚，
認為甜蜜的糖衣，只會阻礙我成長的動力，前進的腳步，
所以我已習慣不太聽過多的奉承與讚美。

人生就是一連串挫敗的經驗
所累積而成的勝利，
人就是該相信自己的能耐，
勇敢迎接每一項挑戰。

每一次的挫敗中再站起來，
我自許「浴火鳳凰」來激勵自己，
要越挫越勇，不斷重生之後，一定要更堅強，
在這人生的領域裡，打一場漂亮的持久戰。

一個18歲就逃家的小女孩已闖出了一片天，夠了，該結束了。
朋友口中的打不死的蟑螂、打不倒的勇士、戰不敗的常勝軍、
九命怪貓，這次你真的倒下了。
不再回頭，不再眷戀，這些紅塵俗事，
時間到了，就讓我化成一縷輕煙，和菩薩您去雲遊仙界四海。

和我相依為命超過20年的觀音菩薩

該放下一切的時候到了，
這人生劇本裡，
感恩，出現在這劇本裡的所有演員朋友，謝謝您們的一路相伴，更謝謝一路陪伴我的精神支柱「南海古佛」，
在我想哭的時候，
祢在我身邊傾聽，
在我害怕的時候，
祢給我依靠，
謝謝祢讓我完美的演完了這充滿荊棘精彩的一生。
回頭看自己一生，
很精彩，已足夠！
其實成功不難，
難的是在心態的轉變。

死後墓誌銘

獨特的人

不枉此生

不留遺憾

擁有浴火鳳凰般的

精彩人生

以上是我自己製作的生前告別式片段。也在此書中一同分享。

相信意念的力量嗎？意念是無形的，《祕密》這本暢銷書提倡的就是意念的重要性，並提出「吸引力法則」：只要你打從心底渴求某件事物，抱持強烈的慾望、堅持的心念，宇宙自然會接收到你下的訂單，就會有股神奇的力量，引導你達成你心中所想所願。我也一直如此深信，雖然（目前）還沒有能力，但也不怕自不量力，許下願力，希望有朝一日，在臨死之前，可以成立「洪榛林基金會」，透過基金會幫助更多需要的人。

追求完美又愛惜羽毛的我，曾經誠實面對訴訟，相信台灣的司法會還我清白，結果卻依然打輸了官司。在那之後，我的姓名被莫名地污名化，對此我耿耿於懷。尤其自己現在還有紅斑性狼瘡的不治之症，因此期望在臨死之前，能翻轉自己的污名，以便能死而無憾。在自己人生達到財富自由之後，成立「洪榛林基金會」的念頭油然而生，不知可否來得及在我生前的時候就成立，雖然現在能力尚不足，也害怕沒能力完成，便一直放在心中不敢說出來，但在完稿的前夕，決定相信「祕密」的力量，勇敢寫出來，相信願有多大，力就有多大，期待能在生前即實現願望。

第十四章：結論

老北京有個詞兒叫「掙臉」，意思是爭取榮譽，讓臉上有光彩。我覺得這個說法非常傳神。回想從小到大，我就是賭一口氣想「掙臉」。父親認定我是個女孩肯定是個賠錢貨，只有在結婚嫁人時拿一些聘金回來；從小到大經歷過的這一切，換做其他人或許跟現在的我，會有不一樣的結果！但我就是不讓人看扁，就是不服輸，我縱使沒有親情的滋潤，沒有愛情的滋養，我依然可以奮發圖強，功成名就。即使一路上不斷遭人陷害與打擊，但我一路上還是屢挫屢戰，最後靠自己堅強的意念、正面積極的工作態度，努力不懈硬是改寫未來的結局，把面子給掙回來！

就像我選擇逃家、選擇北上、選擇工作、選擇另一半、選擇朋友，這些抉擇無論結果好壞，都是上天賜予我人生試煉的過程，我只得默默地接受考驗。

蘋果公司的創辦人賈伯斯曾說，如果將生命中每個決定，看成一個「點」，那麼人生就是由無數個「點」所串聯而成的結局。弔詭的是，即使有過去的點，這樣的串聯還是無法預測未來，只有在回溯過往，並停下腳步回頭去省思，才能發現在老天不斷的試煉下，竟然可以看清，其中聯結的影響力，將帶給自己未來能力上能有什麼樣的提昇。原來只要你能挺過每個挫折，老天都會加倍還你，送你意想不到的禮物。一路走來，回頭來檢視過去的種種……感恩一切的發生，都有其必要的道理。

※如果沒有小時候父親的重男輕女觀念，不會激發當時我的小腦袋，展現出古靈精怪的應變能力、尋求談判的技能、找錢的積極度、帶哥哥逃家的布局能力。

※如果沒有經歷過小時賒米賒瓦斯、有一餐沒一餐的日子，想翻身揚眉吐氣的意念，不會如此堅定不移，深植我心。

※如果沒有一個沒讀書不會偽裝的母親的傷害刺激，就有可能不會憤而離開高雄到台北發展，也可能不會有今日成就的我。

※如果曾經最期待想要的親情，已失望亦得不到，那麼其他的如果有得到，也都是奇蹟意外的加分了。這使我練就人生沒有得失心，讓自己只對自己負責。

※如果當初婚姻沒有破裂，我會選擇和前夫在同一間公司，做好我的製圖員，安穩過活直到退休，過著平凡的人生，但就沒有這些驚濤駭浪的

人生歷練，造就堅忍不拔的我，當然也就沒有今日的格局。

※如果當初不是因為好姊妹的惡性倒會，我也沒有勇氣離職，離開全台灣最大還有退休金的塑化公司，只得認命做個平凡的內勤人員直到退休，並滿足於此，就沒有機會挖掘出自身業務潛能，創造不平凡的自己。

※如果沒有相信貴人的一句話，嘗試到保經公司做業務，就無法激發出自身能做到保險超級業務員之外，還能創造保險商品與不動產的結合，創造出這種進可攻退可守的投資方式，締造佳績，成就非凡的人生。

※如果當初官司之前，沒有先被主管、組員背叛，先擁有走出憂鬱症的免疫力，就無法有能力迎接後面好友與助理更大的背叛，練就一身金鐘罩無所懼的精神，勇於面對瘡疤，再創一波高峰。

※如果沒有隻身放眼大陸嘗試去北京拓展業務，就不知道自己有無能耐在當地出險招，還能創造出奇制勝地招攬一群同業人的功力，與在異地練就出能在同業與應徵者兩個角色間游刃有餘的轉換技巧，真是難得的經歷。

※如果沒有讓我的身體出現狀況，得到紅斑性狼瘡的病徵，就不知道「睡眠」對身體健康的重要性，透過「轉念」，讓我從抱怨到懂得感恩，知道得病背後有更好的寓意，原來是要藉此病強迫我調整睡眠時間，讓我得到健康。

※如果當初官司沒有打輸，導致姓名被污名化，就沒有現在敢下的願力，也就沒有「洪榛林基金會」的意念產生，讓自己知道有能力為社會貢獻一己之力，遺留世間，不枉此生，創造更大的福祉（雖然還沒實現，但默默進行中）。

原來轉念是成功的基石，原來轉念，人生將會有莫大的轉變。

讓我們一起來學習透過轉念改寫你未來的結果。

感謝一生中來磨練我的人：

感謝扮演我的父親成為外在恐懼的大男人主義的化身，讓我為了證明女生不是賠錢貨，堅持勇敢地扭轉命運。

感謝扮演我的母親成為我內心怨懟的角色，讓我在盛怒之下有離開故鄉的勇氣，北漂淘金才有今日。

感謝扮演我的保險主管成為磨練我的對手，讓我未來在做任何事，都懂得應全盤考量人性。

感謝扮演我的老公終結我對婚姻的憧憬，了解婚姻裡兩性相處的難易。

感謝扮演我的兩位摯友成為惡魔的化身，讓我未來做任何事都先以「法」的角度省思，不再妥協，以便保身。

一路上的經歷考驗著人性與名利的衝突，你要如何面對並突破？

當你經過這麼多挫折、這麼多磨難之後，省思再回頭看過去，你的父母親帶給你的傷害，就太微不足道了，從你不能接受到憤恨不平，直到負氣離開故鄉，激勵向上到如今，透過轉念↓原來今世扮演你的父母親是為了啟動你一切向上的引爆的關鍵人物，當我功成名就時，母親再轉換到慈母的角色，人生角色的轉變竟如此的神奇。

現在我反而要說：感謝有這樣子的父母親來淬鍊我，沒有親情，沒有溫暖的家庭，貧窮也能翻身，證明成功沒有藉口。

是貴人或是賤人在一線之隔，轉捩點時，你選擇了怎麼想，怎麼做，端看你的頭腦怎麼定義，當朋友她害你負債累累時，心中充滿怨恨，你不會原諒她，如果當時你選擇抱怨之後墮落了，此時在你心中她是賤人，但如果你在此時反向思考，就是不讓人瞧不起，反而發揮超人的意志力，發憤圖強，終究成就一番事業，再回想，當時沒有這賤人的污衊栽贓拖累相害，你也沒勇氣離開你的舒適圈，你根本沒有機會成為那翱翔天空的大老鷹，快速地達到財富自由，這時這賤人，成功的變回貴人。

由此可見，當困苦責難來臨時，你的起心動念在哪裡？成就就在哪！

原來當上帝準備要送你一份大禮物時，是用挫折困苦來包裝，端看你有沒有資格拿得到。

不後悔每一次的選擇，感恩一切的挫折，帶給我能力的提升。證明沒有傷害、沒有更大的衝擊，就不捨離開舒適圈，就不可能身兼四職來還債，當然也就沒有機會發覺自己有多大的潛能，有能力承接老天給我更大的禮物，這輩子也不可能累積足夠的財富去完成夢想，也不可能環遊世界、更不可能激發自己業務的天賦，擁有現在的一片天。

所以領悟真的很重要，在你成功之後，才會驚覺所有令你憎恨與不甘的磨難、遭遇，原來都是來淬鍊你的，怎樣堅強、怎樣強大，才發現生命

中那些傷害你的人，原來真是老天派來成就你的。只是你在當下面對折磨與困難時，是否撐得過去、想得通。撐得過去叫成就，撐不過去叫殞落；凡事都得自己衝破困境，挺過去才拿得到老天給你那豐盛的一切。真所謂「高原陸地不生蓬花，卑溼淤泥乃生此華。」直到現在和以前大公司的主管碰面時，談起過去的我，他還是佩服，但也慶幸還好當時我有離職，才能挖掘出自身更大的潛力，走出自己的康莊大道，很替我開心。「真是凡事都有最好的安排」，我深信著這個理念，直到現在。

人生就像尋寶電影一樣，先有藏寶圖產生想要寶藏的決心，再規劃如何到目標地點尋寶，沿途可能經歷多少的困難，一連串的挫折、磨難，戰勝怪獸、惡魔、壞人或解除機關，才能夠找到開啟寶藏的鑰匙。迎接那豐富寶藏之前，上帝必然會先考驗你的一切能力與堅定的意志，原來人生也是如此的。期待讀者能對未來的挫折，產生不同的思維。

在這半百之年特別有感觸，人生的路上，當你面臨困境時，用歡喜心去迎接，亦或用怨懟的心去面對，必然會有不同結果。發現凡事感恩，用歡喜心去迎接，能在挫折當中得到成長的動能反省，讓自己的內心領悟更深，自然就會讓自己未來走向更好的結果。但如果用憤恨的心去面對挫折的話，身體容易出現不同的病症，讓自已縱使想要面對挫折勇往直前，也心有餘而力不足。這是我人生嚐盡百遍挫折之後真心的感受，與讀者們分享。期待讀者透過「轉念」迎接挫折，人只有接受逆境，才有機會成就強大的自己。

希望讀者回顧人生每 段挫折經驗時，能找到挫折背後的意義，從中學習到成長的動能，讓你有所收穫。倘若你在那個挫折當中沒有收穫，那必定是你沒有回顧、反省勵志自已了，如果沒有如是做，肯定錯過了老天給你禮物的機會。希望讀者下一次再面臨挫折的時候，能改用喜悦心反省心來迎接，當你挺過之後，必然可以拿到上帝給你的豐盛的禮物。相信才能得到。

下次再讓我們遇上困境、遇上了挫敗、遇上了背棄時，哭沒有用，抱怨沒有用，只能一次又一次地踏過那充滿荊棘的道路。唯有練就一身打不敗的精神、越挫越勇的勇氣，相信自已，勇往直前，才能進一步提昇自已，擁有更高智慧的神性。讓我們一起共勉。

人生本就有太多無奈，還沒來得及選擇，就已被環境硬逼到懸崖邊，你只能選擇飛上天或跳下去，若不奮力展翅高飛，便粉身碎骨。沒想到，這竟把一個十五年都在大公司的內勤，從沒做過業務的潛能激發出來，甚至有辦法身兼四職，身經百戰，在每一次的挫敗中總鼓勵自己是浴火鳳凰，是經烈焰之後的重生，必更不同凡響，成功地把業務的精神發揮到極致，從一隻小雞蛻變成一隻大老鷹，翱翔天際，勇於挑戰更高的山巔。

回顧完我的一生，這段常被我自嘲是比日本阿信還苦的台灣阿不幸翻身史，她如何運用「轉念」來成就非凡的人生，無懼地面對自己的瘡疤走出來，才有今天強大的意志贏得華麗轉身的精彩。原來我們的思維、意志力，竟然可以扭轉命運；原來想改變未來的結果，鑰匙竟是來自「**轉念**」。讓我們一起來學習運用「轉念」，創造未來成功的磐石。扭轉你自己未來的人生。

注意人生轉捩點的選擇，掌握改變與轉型的機會。

有的人因為一句話，改變一生——我就是；

有的人因為一個領悟，改變未來的結果——我就是，希望你也是。

預祝所有的讀者，透過轉念，創造無限，脫離貧窮，改變人生，重組人生DNA。我行，你就行！

嗜讀本 023

轉念創造無限

轉念，把荊棘變成驚奇，成就了我的精彩一生

作　者　洪榛林
顧　問　曾文旭
社　長　王毓芳
編輯統籌　耿文國、黃璽宇
主　編　吳靜宜
執行主編　潘妍潔
執行編輯　吳芸蓁、吳欣蓉
美術編輯　王桂芳、張嘉容
特約校對　菜鳥
法律顧問　北辰著作權事務所　蕭雄淋律師、幸秋妙律師
法律顧問　恆英法律事務所　朱敏賢律師

初　版　2021年12月
出　版　捷徑文化出版事業有限公司
電　話　（02）2752-5618
傳　真　（02）2752-5619

定　價　新台幣320元／港幣107元
產品內容　1書

總 經 銷　采舍國際有限公司
地　址　235新北市中和區中山路二段366巷10號3樓
電　話　（02）8245-8786
傳　真　（02）8245-8718

港澳地區經銷商　和平圖書有限公司
地　址　香港柴灣嘉業街12號百樂門大廈17樓
電　話　（852）2804-6687
傳　真　（852）2804-6409

▲本書部分圖片由freepik提供。照片由洪榛林提供

捷徑Book站

現在就上臉書（FACEBOOK）「捷徑BOOK站」並按讚加入粉絲團，
就可享每月不定期新書資訊和粉絲專享小禮物喔！

http://www.facebook.com/royalroadbooks
讀者來函：royalroadbooks@gmail.com

國家圖書館出版品預行編目資料

轉念創造無限 / 洪榛林著. -- 初版. -- 臺北市：
捷徑文化出版事業有限公司, 2021.12
面；　公分. -- (嗜讀本 : 023)
ISBN 978-986-5507-60-2(平裝)

1. 洪榛林　2. 自傳　3. 臺灣

783.3886　　110000418